古典文獻研究輯刊

八編

潘美月・杜潔祥 主編

第 13 冊

《老子王弼注》校訂補正

李 春 著

國家圖書館出版品預行編目資料

《老子王弼注》校訂補正／李春 著 — 初版 — 台北縣永和市：
花木蘭文化出版社，2009〔民 98〕

序 4+ 目 4+196 面；19×26 公分
（古典文獻研究輯刊 八編；第 13 冊）

ISBN：978-986-6528-42-2（精裝）
1. 老子　2. 注釋　3. 研究考訂
121.317　　　　　　　　　　　　　　　　98000075

ISBN - 978-986-6528-42-2

9 789866 528422

古典文獻研究輯刊
八 編　第十三冊　　　　　　　ISBN：978-986-6528-42-2

《老子王弼注》校訂補正

作　　者　李春
主　　編　潘美月　杜潔祥
總 編 輯　杜潔祥
企劃出版　北京大學文化資源研究中心
出　　版　花木蘭文化出版社
發 行 所　花木蘭文化出版社
發 行 人　高小娟
聯絡地址　台北縣永和市中正路五九五號七樓之三
　　　　　電話：02-2923-1455／傳眞：02-2923-1452
網　　址　http://www.huamulan.tw 信箱 sut81518@ms59.hinet.net
印　　刷　普羅文化出版廣告事業
初　　版　2009 年 3 月
定　　價　八編 20 冊（精裝）新台幣 31,000 元　　版權所有·請勿翻印

《老子王弼注》校訂補正

李 春 著

作者簡介

李春，國立台灣師範大學碩士
主要著作：
已出版：《老子王弼注校訂補正》
　　　　《老子反語串解》
撰寫中：《老子之鑰——「若反」「正言」析詮》
　　　　《莊子之鑰——「弔詭之言」析詮》

提　　要

◎詮釋策略

以「若反」之「正言」（七十八章）為礎，本乎「無為」之精神，運用「語意學」之方法，推尋其具體意涵。（詳見七十八章「正言若反」「正」）

◎詮釋準備

一、歸納「若反」「正言」之類型，分析各類型之特質。
二、確立「若反」「正言」之詮釋通則、各類型之詮釋要則。
三、建構老子核心思想、思想體系、修德應世之方。

◎主要觀點

一、「若反」「正言」之類型：
　　（一）無不、希晚＋正面詞。
　　（二）似若、正面動詞＋反面詞、反面事物。
　　（三）反面詞、反面事物。
　　（四）正面動詞＋外物、別人。
二、「若反」「正言」之詮釋通則：
　　（一）以「無為」態度解讀。
　　（二）掌握其語用方向
　　（三）掌握其語法邏輯
　　（四）掌握其語意基點。
三、核心思想：
　　「道生之，德畜之，物形之，勢成之。」（五十一章）「人」乃萬物之一而已，應遵「道」貴「德」、因「物」任「勢」。唯人多「妄作」（十六章），須「復」（十六章）「反」（同「返」，四十章）如始「化」（三十七章）之「有」（一章），乃為「常」（十六章）。
四、應世三部曲：
　　（一）「觀」（五十四章）以知「勢」。
　　（二）「無心」以「孩」（同「晐」，四十九章）兼萬有。
　　（三）「無為」（三十七章）以因任。

目次

《老子》鑰門——「若反」「正言」（代序）

　　老子之書，太史公稱「微妙難識」，故說者雖眾，而疑惑仍多。或謂孔老無別，或謂老學被動退縮，耍權弄術，絕聖智，棄仁義，斥文明，以小國寡民爲理想國，以循環反覆爲「道」之規律，豈其然耶？

　　陸德明《經典釋文・序錄》云：「其後（案指河上公之後）談論者莫不崇尚玄言，唯王輔嗣妙得虛無之旨。」觀十章注「因而不爲，應而不倡。」五十二章注「不舍本以逐末。」蓋非惟體順自然無爲而已，亦知孔老異，道術別，老學自主，道規恒常，聖智未絕，仁義未棄也！欲識老子者，莫善於此焉。

　　然其文既簡，其意復深，悉如《老子》，讀者每多不明，竟至曲解而不自知，此余所以爲之「補」也。唯其說待商榷者仍多，如謂八十章「小國寡民」爲「使反告」者，實未得老子外交之旨，難去「斥文明」之曲解，此則「正」以辨之，猶辨《老子》之「名」不作「名號」解也。

　　老子書之所以難解，要在其「若反」「正言」（七十八章）之語文特質，茲略述一二以見其梗概。

　　十九章云：「絕聖棄智，民利百倍；絕仁棄義，民復孝慈。」五十七章注云：「崇本以息末。」（並見五十八、五十九章注。）《老子微旨例略》云：「老子之書，其幾乎可一言而蔽之，噫，崇本息末而已矣。」蓋謂「見素抱樸」（十九章）之行事原則，或乃以爲行事目的，云老子去聖智，除仁義。寧不見十一章「有之以爲利，無之以爲用。」五十二章「既得其母，以知其子。」三十八章注「崇本以舉末」之文乎？三十八章云：「夫禮者，忠信之薄，而亂之首，前識者，道之華而愚之始；是以大夫夫處其厚不居其薄，處其實不居其華。」「處」「居」

者，即行事原則之謂，非言目的也。

　　然則，老子「守母」「知子」，王注「崇本」「舉末」，與儒者「禮後乎」（《論語・八佾篇》）同歟？此又非也。儒者「禮後」之旨，在居仁質義以行禮，「禮」亦行事守則，老子「守母」「知子」，則一言原則，一言目的，其別昭然。故王弼之於「末」也，或云「息」，或云「舉」，合而觀之，亦「崇本息末以舉末」而已；「崇本息末」謂過程，「舉末」謂結果。

　　此「崇本」「守母」者，實老學之君主，因萬物多妄「離」（十章），故十六章云：「夫物芸芸，各復歸其根。」欲使返守其母也，即五十二章「天下有始，以爲天下母……既知其子，復守其母，沒身不殆。」王注云：「各反其始也。」得之矣！或乃謂此爲萬物遵循之「道」規，猶五十八章「禍兮福之所倚，福兮禍之所伏。」之反覆無常，不察老子「歸根曰靜，靜曰復命，復命曰常。」（十六章）之「常」，與夫「孰知其極」（五十八章）之歎「無常」。弼注四十章云：「高以下爲基，貴以賤爲本，有以無爲用，此其反也。」注二十五章云：「不隨於所適，其體獨立，故曰反也。」以「獨立」守「基」「本」爲「反」，與四十章「反者道之動」正相符。蓋「反」謂「不離」，猶「弱」（四十章）之謂「不強」，故得爲「道之動」「道之用」；不然，有「離」有「反覆」，無以恒常不窮，安得爲「道」？

　　三十六章云：「將欲歙之，必固張之；將欲弱之，必固強之；將欲廢之，必固興之；將欲奪之，必固與之。」「張之」「強之」「興之」「與之」之謂人，猶云「歙己」「弱己」「廢己」「奪己」，與六十六章「欲上民必以言下之，欲先民必以身後之。」同，並謂「反」「弱」之「守母」「崇本」，故下文云「柔弱勝剛強……國之利器，不可以示人。」「示人者，任刑也。」（王注）「不可以示人」，謂「因物之性，不假刑以理物。」（王注）與陽弱陰強，名給實奪之權謀有別，細察老子「知子」之言，其事功乃自然以成，不在必得，此與權謀者之事功爲志，不取不休，明顯不同。

　　守本因應，誠老學宗要，故太史公云：「老子所貴道，虛無因應，變化於無爲。」物既法「道」，可不卑弱？唯任「道」隨化，非被動退縮也。二十三章云：「從事於道者同於道，德者同於德，失者同於失。同於道者，道亦樂得之；同於德者，德亦樂得之；同於失者，失亦樂得之。」七十九章云：「天道無親，常與善人。」此言「善人」行「道」，故與「道」同體，得「道」之助，其主動在人明矣。不然，徒侍「道」而不知有所「從事」，則同於「失」，乃

不善無助矣。一章云：「常無，欲以觀其妙；常有，欲以觀其徼。」十六章云：「萬物並作，吾以觀其復。」五十四章云：「以身觀身，以家觀家，以鄉觀鄉，以國觀國，以天下觀天下。」「從事」與「觀」之積極、主動，因任變化，皆老子「無為」以「為」之精義。

居處教化如此，國與國交亦然，故八十章云：「小國寡民，使有什伯之器而不用，使民重死而不遠徙；雖有舟輿，無所乘之，雖有甲兵，無所陳之。使人復結繩而用之，甘其食，美其服，安其居，樂其俗，鄰國相望，雞犬之聲相聞，民至老死不相往來。」「小國寡民」之於國，猶「少私寡欲」（十九章）之於人，不爭、固本，不「妄」（十六章）求「國大民眾」而已。或謂此乃老子之理想國，不知「小」「寡」之數，究為如何？而老子何以又云「大國」「小國」（六十一章）之異？云「不用器」「不遠徙」「不相往來」者，並皆此類，非真獨處隔世，乃下文「甘其食，美其服，安其居，樂其俗」之意，亦「守母」「崇本」之因任，不然，舟輿之乘，什伯之器，棄之可也，焉不用而有之？明乎此，則知「結繩而用」非標的，非斥文明，乃十九章「見素抱樸」之意。而弼注「小國寡民」云：「使反古」，其既知「不相往來」之為「無所欲求」，乃未明「小國寡民」意謂「國大民眾之不可強求，不可為志」，惜哉！

輔嗣之注《老子》，實有未得其要者，故謂老子之「名」為「名號」之「名」，不知其為「形象」之意，遂亦不知「有」「無」之旨，余於一章辨之甚明，不復贅言。而四十二章云：「道生一，一生二，二生三，三生萬物，萬物負陰而抱陽，沖氣以為和。」王弼乃以「數」說「道」，遂致「道」之生化難明。余既以十四章「混」不可形名者謂「一」，陰陽為「二」，合沖氣為「三」，則知「一」「二」「三」言其「質」，「常名」「無」「有」言其「形」，則宇宙生化之貌亦得以明瞭。

「天下萬物生於有,有生於無。」(四十章)

————————————— 無 ——————————→ 有

一　「道之為物,惟恍惟惚……惚兮恍兮,其中有象。」(二十一章)

「視之不見名曰幾……故混而為一……是謂無狀之狀,無象之象……是謂惚恍。」(十四章)

常形　「大象無形」(四十一章)

「名可名,非常名。」(一章)

常　「道可道非常道」(一章)

道　「道生之,德畜之,物形之,勢成之。」(五十一章)

「視之不見名曰幾,聽之不聞名曰希,搏之不得名曰微,此三者不可致詰,故混而為一。」(十四章)

「道可道非常道」(一章)

「質真若渝。」(四十一章)

常質　「搏之不得名曰微……故混而為一。」(十四章)

「道之為物,惟恍惟惚;恍兮惚兮,其中有物……窈兮冥兮,其中有精。」(二十一章)

一 ——————→ 二 ————→ 三

「道生一,一生二,二生三,三生萬物;萬物負陰而抱陽,沖氣以為和。」(四十二章)

「有物混成,先天地生……字之曰道」(二十五章)

右側:
「道常無名……始制有名。名亦既有,夫亦將知止,知止不殆。」(三十二章)

「道常無為而無不為,侯王若能守之,萬物將自化;化而欲作,吾將鎮之以無名之樸。」(三十七章)

「致虛極,守靜篤,萬物並作,吾以觀其復。夫物芸芸,各復歸其根;歸根曰靜,靜曰復命,復命曰常。知常曰明,不知常,妄作凶。」(十六章)

萬物

老子之生化觀既明,則應世之方亦具體可循;要之,「觀」(五十四章)、「無心」(四十九章)、「無為」(三十七章)三部曲而已。

能「觀」而後知「子」(五十二章)知「勢」(五十一章),知所以因任順應(二十章、四十九章)之對象,而後能守「母」(五十二章)也。

能「無心」如「嬰兒之未孩」(二十章),不偏執一端,不為相對概念所縛,等觀萬象、兼容眾議,乃能因任「無為」。

　　　　德畜之　物形之
　　　　　↓　　　↓
道生之→　萬　　物　←勢成之
　　　遵道　　觀（觀物、觀勢）
　　　修德　　　↓
　　　無爲←—無心

五十一章：「道生之，德畜之，物形之，勢
　　　　成之。」

五十四章：「以身觀身，以家觀家，以鄉觀
　　　　鄉，以國觀國，以天下觀天下。」

四十九章：「聖人常無心，以百姓心爲心。善者吾善之，不善
　　　　者吾亦善之，德善。信者吾信之，不信者吾亦信
　　　　之，德信。聖人在天下，歙歙爲天下渾其心；百
　　　　姓皆注其耳目，聖人皆孩之。」（按：「德」同「得」。
　　　　「孩」同「咳」，兼晐也。）

二十章：「唯之與阿，相去幾何？善之與惡，相去何若？人之
　　　　所畏，不可不畏。荒兮其未央！哉，眾人熙熙如享
　　　　太平，如春登臺，我獨廓兮其未兆，如嬰兒之未孩。」

　　老子七十章云：「吾言甚易知，甚易行，天下莫之能知，莫之能行。」捨
七十八章「天下莫不知，莫能行。」之人爲態度不論，其「正言若反」（七十
八章）之語文特質，乃最大癥結；前述諸多疑義，蓋皆未明《老子》語文特
質之故。苟能知「人」乃「大自然」之一物而已，居「大自然」之立場，持
任道不「妄」（十六章）之哲思，體察其過程原則（非結果），則「若反」「正
言」之具體、正向意涵，乃十分明顯；即或老子所謂「易行」者，仍因人而
異，然老子「易知」之言，則不再虛誕矣。此七十八章「正言若反」論之甚
詳，茲不贅述。

　　《老子》「若反」之「正言」，乃開啓《老子》寶庫之金鑰，得此金鑰之
密碼，啓其金門，而後老子寶庫之「廟堂之美」可得。要之，剖析「若反」「正
言」之語言特質，探尋「若反」「正言」之思想意涵，進而以之析解《老子》
章句，使老子書不再隱晦難明，此茲編撰述之宗旨也。唯質卑識拙，所言諸
說，敢以自勵而已，尚祈先進賢博不吝教之。

　　　　　　　　　　　　　　　　　　　　2008 年 8 月序於台南

例　言

一、茲編以乾隆四十年《武英殿聚珍版叢書》，紀昀校訂《老子道德經》爲底本，篇章悉仍其舊，唯書名有改易，案語盡闕如耳。

二、「校」者，返王注之本，「訂」者，復老子之初也；有「校」「訂」同謂一語者，蓋王注已失老子之眞，後人復改王注之文，故既「校」矣，從而「訂」焉，若三十五章「道之出口」者是。

三、王注非唯與他家有異，即其傳本亦多不同，欲得老子初貌，固不可能，王注之本容，殆亦難定；今所「校」「訂」，所以輔「補」「正」耳，非以爲極至也。

四、「補」者，發王注之所未盡，益王注之所未言，「正」者，矯王注之失，索老子之眞也；而弼注或未契老子之旨，且隱晦難明，故有「補」「正」共論一處者，若一章之「名」是也。

五、凡所稱說，有前人已及者，不敢掠美，必引其倡始者存焉；其下諸雷同者，非有輔益之功不錄，避煩蕪也。唯眾說實盛，或未及見，或見而不察，缺漏難免，無心之過也。

六、凡引經注，概從「校」「訂」所定者焉。

上 篇

一 章

道可道，非常道；名可言，非常名。

> 注：可道之道，可名之名，指事造形，非其常也，故不可道，不可名也。

> 補：二十五章弼注云：「名以定形，混成無形，不可得而定，故曰不知其名。」三十二章弼注云：「道無形不繫，常不可名；以無名爲常，故曰道常無名。」王弼《老子微旨例略》云：「名號生乎形狀。」是知王弼以「名」爲「名號」之「名」，「常名」謂「不可名」之「名號」。

> 輔嗣以「定」「繫」言「常」「非常」之分野，堪稱精妙，唯「名」「常名」諸說，則有待商榷。

> 正：「常道」——

> 十四章云：「視之不見名曰幾（本作「夷」，見十四章訂），聽之不聞名曰希，搏之不得名曰微，此三者不可致詰，故混而爲一；其上不皦，其下不昧，繩繩不可名。」則所謂「不可名」者，要在「混」而無繫不定。此章之「常」，亦當於「混」字體悟，「常道」即二十五章之「有物混成，先天地生……吾不知其名，字之曰道。」若王弼無形無名之注，與夫「寂兮寥兮，獨立而不可，周行而不殆。」（二十五章）「道常無爲而無不爲。」（三十七章），皆各據端點，或言道體，或言道用，未足以論「常道」，以其「曲」而不「全」也。（二十二章）

> 《淮南子‧本經篇》：「故道可道，非常道；名可言，非常名。著於竹

—1—

帛，鏤於金石，可傳於人者，其粗也。……晚世學者不知道之所一體，德之所總要，取成之迹，相與危坐而說之，歌而舞之，故博學多聞而不免於惑。詩云：不敢曝虎，不敢馮河。人知其一，莫知其佗，此之謂也。」

又〈氾論篇〉云：「詩、春秋，學之美者也。……以詩、春秋為古之道而貴之，又有未作詩、春秋之時；夫道其缺也，不若道其全也。誦先王之書，不若聞得其言；聞得其言，不若得其所以言；得其所以言，言弗能言也。故道可道，非常道。」

所謂「人知其一，莫知其佗。」「道其缺，不若道其全。」即老子「道可道，非常道。」之意。

「名可名，非常名」——

王弼謂「常名」為「不可名」之「名號」，較之上文「常道」，其不可解乃昭然顯矣！蓋「道」者自存之實在，可不待稱道而「常道」存焉，「名號」者外與之虛幻，苟離稱說，將不知其「常名」何以存也！二十一章弼注云：「至眞之極，不可得名，無名則是其名。」以「無名」是其「常名」，則其「可名」明矣；既云「不可名」，復以「無名」名之，何以說辭不一？

十四章云：「繩繩不可名，復歸於無物，是謂無狀之狀，無象之象，是謂惚恍。」四十一章云：「大方無隅，大器晚成，大音希聲，大象無形，道隱無名。」所謂「無狀之狀，無象之象。」即「無形」之「大象」，即下文「無名」之「道體」。

「名可名，非常名。」第一、第三個「名」宜如四十一章「道隱無名」、三十章「道常無名」之「名」，作「形象」解，與「道」同具自存性。「可名」之「名」，猶二十五章「強為之名」之「名」，描述形容也。

「常名」，謂「混而為一」「不可致詰」之「惚恍」（十四章），為道體之常形，名之曰「幾」（十四章）「大」（二十五章）皆偏隅之論，非可謂為「常名」。「常名」實「不可識」（十五章），故《老子》云「強為之名」（二十五章），「強為之容」（十五章），「強」字有大趣。

二十五章云：「強為之名曰大，大曰逝，逝曰遠，遠曰反。」若以「名號」解「名」，則「大」「逝」「遠」「反」，四句以「曰」相連之語氣便失其頭緒，豈「逝」「遠」「反」亦名號耶？況以「大」作為「道」之

「名號」亦嫌突兀？若以「描述」解「名」，則文氣、語意皆明暢。

無，名天地之始；有，名萬物之母。

訂：「無」「有」——

此兩句，王弼以「無名」、「有名」連讀，無法與上文「可名」之動詞性相連。此處宜於「有」「無」斷句，使具「名」之動詞性，使「可道」「可名」之語氣得以連續。（詳下文「常有」「正」）。

司馬光《道德眞經論》云：「天地，有形之大者，其始必因於無，故名天地之始曰無。萬物以形相生，其生必因於有，故名萬物之母曰有。」今從其讀，唯「名」之意義則另有說焉。

「天地之始」——

「天地」二字，《帛書老子》、《史記‧日者列傳》引《老子》，並作「萬物」，王注云：「凡有皆始於無，故未形無名之時，則爲萬物之始。」馬敍倫《老子覈詁》遂云王本當作「萬物」。二十一章王注云：「以無名說萬物始也。」殆承此章而言，王本作「萬物」，此又一證，唯老子本文當作「天地」也。

四十章云：「天下萬物生於有，有生於無。」則「有」「無」境界不一可知。苟兩句皆作「萬物」，則「始」「母」當有軒輊，否則文便不可通。而老子書之「始」「母」，復無高下之分，故既云「有，名萬物之母。」又云：「有物混成，先天地生……可以爲天下母」。（二十五章）同一「母」字，所指不同。其云「天下有始，以爲天下母。」（五十二章）者，更見「始」「母」之互文耳，不必「無」必言「始」，「有」必言「母」。

五章云：「天地不仁，以萬物爲芻狗。」此知「天地」「萬物」有低昂之分，然則，此不宜作「萬物」明矣；「天地之始」「萬物之母」，與「無」「有」對應，文勢乃成。

注：凡有皆始於無，故未形無名之時，則爲萬物之始，及其有形有名之時，則長之、育之、亭之、毒之，爲其母也。言道以無形無名始成萬物；以始以成而不知其所以然，玄之又玄也。

校：「不知其所以然」——

陶鴻慶《讀老子札記》云：「『萬物』二字當疊，『所以』下奪『然』字；

其文云：『言道以無形無名，始成萬物；萬物以始以成，而不知其所以然。』二十一章注云：『以無形始物，不繫成物；萬物以始以成，而不知其所以然。』與此同。」

按此章與二十一章注略有不同，「萬物」不疊，正有簡潔之致，語意亦不混亂，故各本皆無，今姑存其舊。

至乎「然」字，則當依陶說增入，否則，「不知所以」，似難成辭。王弼注十七章「百姓皆謂我自然」云：「百姓不知其所以然。」與此相合。

「玄之又玄」——

聚珍本諸「玄」字，避聖祖諱，具改作「元」，今併還其舊。

正：「無，名天地之始；有，名萬物之母。」——

此二「名」字，與上句「可名」之「名」一系，猶十四章「名曰幾」之「名」，稱謂也。二句意謂云「無，用以稱謂天地之始；有，用以稱謂萬物之母。」蓋天地之始之形，人無以感知，萬物之母之形，人得以感知，故分以「無」「有」稱謂之也。此云「稱謂」，固與「名號」有別，猶以「隱身者」「現身者」稱人，二者非其「名號」也。

既以「有」為有形，則與萬物同矣，何得為萬物之母？蓋老子之「有」非謂眾有形，有形未必為「有」也，不然，烏得生萬物？三十二章云：「道常無名……始制有名。名亦既有，夫亦將知止，知止所以不殆。」四十四章云：「知止不殆，可以長久。」老子之「有」，即此「始制」之「有名」，乃萬物之「始」形，得「道」之全者，故可以「長久」，而謂之「玄」。二十八章云：「復歸於嬰兒。」二十章云：「如嬰兒之未孩。」「嬰兒之未孩」猶「知止」，皆守「有」秉「道」之意。其或不然，妄自「離」（二十八章）「作」（十六章），則將「鎮之以無名之樸」（三十七章），欲其「化」（三十七章）而不「妄作」（十六章），以免有「凶」（十六章）也。

故常無，欲以觀其妙；

訂：「故常無」——

王弼「常無欲」連讀，司馬光、王安石始「有」「無」為讀，今從馬、王，詳下句「常有，欲以觀其徼。」「訂」。

注：妙者，微之幾也。萬物始於微而後成，始於無而後生，故常無欲，

可以觀其始物之妙。

校：「故常無欲」——

「故常無欲」下，眾本有「空虛」二字，宋張太守命黌舍學者所作之《道德眞經集註》，元劉惟詠《道德眞經集義》，引王弼注並有「空虛其懷」四字，嚴靈峰先生《陶鴻慶老子王弼注勘誤補正》云：「『空虛其懷』四字，乃爲『常無欲』足句，當據以補正。」余謂不然；當連「空虛」二字併刪。

王弼注《老子》，每於末段云「故」或「故曰」，其下引經文作結；而所引經文，雖未必與經文全同，亦僅在不害文義處增損一二字而已，鮮有過大之出入。此章下文「常有欲」句，注云：「故常有欲，可以觀其終物之徼。」則此句注亦當云：「故常無欲，可以觀其始物之妙。」不當復有「空虛其懷」諸字，殆讀王注者作批，後人刊刻時持以增入者。

正：「常無」——

此句與下句皆「損之又損」（四十八章）之進德工夫，「常無」者，常以虛無自期，欲以臻「常無心」（本作無常心，見四十九章「訂」）之境，以觀「無」之「妙」也。

「妙」——

王弼注曰「微之極」，義雖近似，猶未切也。「妙」者，隱昧也，亦即四十一章「道隱無名」「明道若昧」之意，蓋承上「無」而說者，詳下句「正」。

常有，欲以觀其徼。

訂：「常有」——

王弼「常有欲」連讀，東條弘《老子王注標識》云：「司馬光于兩『無』字，兩『有』字斷句，王安石同。此說新奇，然三十四章曰：『常無欲，可名於小。』不可於『無』字斷句：則舊說終不容改。」僅就一面之言，遂謂不可於「無」斷句，已難服人，竟進以此論，推判「有」字之句斷，不知「有欲」所貴何在？

三章云：「爲無爲，則無不治。」六十三章云：「爲無爲，事無事，味無味。」六十四章云：「欲不欲，不貴難得之貨；學不學，以復眾人之

過。」皆是守本執一之謂，故能「無不為」、「取天下」（四十八章），
過此以往，便是「跨者不行。」（二十四章）「為者敗之。」（二十九章）
「及其有事，不足以取天下。」（四十八章），故老子不以「有為」「有
事」「有學」為正。此兩句「無欲」連讀猶可，「有欲」連續，則離本
遠矣。

老子云：「保此道者不欲盈。」（十五章）「將欲取天下而為之。」（二
十九章）「欲」字皆當「想要」解。此章之「欲」字亦宜作如是觀，故
當於「無」「有」處斷句，始能避「有欲」之「離」（十章）道。

「皦」——

「皦」字王注本作「徼」，注云：「歸終也。……欲之所本，適道而後
濟，故常有欲，可以觀其終物之徼也。」以為「徼」乃道「終物之徼」，
以應上句「始物之妙」，未當。此句乃承上文「有，名萬物之母」而說
者，方始成萬物，何得倒因為果，作「終物之徼」？

朱謙之《老子校釋》云：「經文『常无觀其妙』，妙者，微眇之謂，荀
悅申鑒所謂『理微謂之妙也。』『常有觀其皦』，皦者，光明之謂；與
妙為對文，意曰理顯謂之皦。」以「理」立論固不足取，相對微顯之
說則甚是。

十四章云：「其上不皦，其下不昧。」「不皦」即是「隱昧」之「妙」，
「不昧」即是「明顯」之「皦」；而「皦」「曒」二字又同義，故「常
有，欲以觀其皦。」羅振玉藏唐寫殘卷「皦」作「曒」，伯希和二五八
四號殘卷則連「其上不皦」，二「皦」字並作「曒」。

考徐本《說文》，「白」部有「皦」字，云：「玉石之白也。」「曒」字
則缺。朱謙之云：「《一切經音義》……卷七十九卷卷八十三引：『說文
「曒」，從日敫聲，二徐本無。』」（《一切經音義引說文箋》）遂肯定「曒」
為本字，畢沅、蔣錫昌二氏則以「皦」為本字。

「曒」「皦」二字之本末雖不可知，老子原用何字亦難明，然不害其互
通之用也，姑從徐本《說文》、《老子》十四章王本，作「皦」。

注：徼，歸終也。凡有之為利，必以無為用；欲之所本，適道而後濟，
　　故常有欲，可以觀其終物之徼也。

正：「常有」——

—6—

「常有」者，與「常無」相對，云「能嬰兒乎？」（十章）「復歸於嬰兒。」（二十八章）者，皆此「有」之意。

五十四章云：「以身觀身，以家觀家，以鄉觀鄉，以邦觀邦，以天下觀天下；吾何以知天下然哉，以此。」此「以物觀物」之工夫，固非體道者不能達於至善，然就體道之歷程而言，仍須以此為目標。此處之「無」「有」，即承上句「天地之始」「萬物之母」而言，欲有心體道者「以物觀物」，既觀道體之「隱昧」，復觀道化之「明顯」。二十三章云：「從事於道者同於道，德者同於德。」此之謂也。

「皦」——

「皦」與「妙」各指「萬物之母」「天地之始」之「有」「無」，而成相對之勢，此既見前文，則又不得不說「明顯」之「皦」，何能有「玄」意，與「有」相應也。

老子云：「明白四達，能無知乎？」（十章）「復命曰常，知常明。」（十六章）「自知者明」（三十三章）則老子之「明」，必須守本固道可知，故曰：「用其光，復歸其明。」（五十二章）「明」足為「光」本也。此種「明」，亦即「和其光，同其塵」之「玄同」（五十六章），正有「玄」旨。

老子首句云「常道」「不可道」，次句云「可道」的「常名」不可名，三句云可名的「無」與「有」，此云「無」「有」之「妙」「皦」，可觀而體得之，真乃節節下降，漸與物接；善讀老子者，當體念老子立言之不得已，由淺而深，由近而遠，庶幾乎能緣物以獲道矣。

此兩者同出而異名，同謂之玄；玄之又玄，眾妙之門。

注：兩者，始與母也。同出者，同出於玄也。異名，所施不可同也；在首則謂之始，在終則謂之母。玄者，冥也，默然無有也，始母之所出也。不可得而名，故不可言同名曰玄，而言謂之玄者，取於不可得而謂之然也。謂之然，則不可以定乎一玄，若定乎一玄而已，則失之遠矣，故曰玄之又玄也。眾妙皆從同而出，故曰眾妙之門。

校：「若定乎一玄」——

此五字惟見宋張太守命撰之《道德真經集註》，諸本皆作「則不可定乎

一玄而已」，與下文連接不上，今據張本補。

「則失之遠矣」——

諸本此句上有「則是名」一句，疑衍。王注既云「不可言同名曰玄」，此處不致復云「玄」爲「名」。《老子微旨例略》云：「……是以篇云字之曰道，謂之曰玄，而不名也。」是知輔嗣於「名」「謂」之分甚明，有「則是名」三字，則文不可解矣！

補：「此兩者」——

王弼云兩者爲「始與母」，蘇轍《老子解》云：「以形而言，『有』『無』信兩矣。」則以兩者爲「無與有」可知。此二說實則無異，蘇氏之『無』與『有』，即王弼無名之「始」，有名之「母」。今既在「有」「無」處斷句，則「兩者」之意指更益分明。嚴靈峰先生《老子章句新編纂解》云：「兩者，無與有，始與母。」甚是。

正：「同出」——

王注云：「同出於玄也……而言謂之玄者，取於不可得而謂之然也。謂之然，則不可以定乎一玄……故曰玄之又玄也。眾妙皆從同而出，故曰眾妙之門。」蓋輔嗣不明「有名」之「母」如何得「謂之玄」，故視下句之「同」爲「玄」，皆「名詞」，二者並爲「有」「無」之所出，眾妙之所由。

「同出」者，謂同出於道也，即體而言，謂之「無」，即用而言，謂之「有」；雖形象不同，要皆爲「道」，此其「同出」也。（參考下文「同謂之玄」「眾妙之門」「正」）

「異名」——

此「名」字亦作「形象」解，謂「無」與「有」，「天地之始」與「萬物之母」，其形象不同，一爲抽象，吾人無法感知，一爲具體，吾人得以視見也。

「同謂之玄」——

王注云：「玄者，冥也，默然無有也，始母之所出也。」以「玄」爲「名詞」，「同」即是「玄」，爲「始母」之所出，遂謂「玄」爲「默然無有」，亦不知「萬物之母」何得爲「玄」之故。

「同謂之玄」，謂「無」「有」，「始」「母」具爲「玄」，「同」字不作「名

詞」。十五章云：「古之善爲士者，微妙玄通。」五十六章云：「知者不言……和其光，同其塵，是謂玄同。」六十五章云：「古之善爲道者，……將以愚民……是謂玄德。」從事於道者可謂之「玄」，「萬物之母」自亦可謂之「玄」。（參考前文「有」名萬物之母「正」）

王弼又云：「不可得而名，故不可言同名曰玄，而言謂之玄者，取於不可得而謂之然也。」大發其「名生乎彼，稱出乎我。」「名號生乎形狀，稱謂出乎涉求。」（具見微旨例略）之主張，不知「名」如何「出乎彼」，「名」「稱」何以有「彼」「我」之別。

「玄之又玄」——

王注云：「若定乎一玄而已，則失之遠矣。」蓋「稱必有所由……有由則有不盡。」乃「未盡其極」（具見微旨例略），故王弼云「不可定乎一玄」。此「定」必「不盡」之說固然，而視「玄」即「同」，與「玄之又玄」皆一，則大爲不妥。

此「玄之又玄」，蓋謂「有」「無」雖具「玄」德，有同於「道」者，亦僅得「道」之一曲耳；不拘於此，全然體受，方是「常道」之所在，猶「損之又損」（四十八章）然，固不限於一「玄」二「玄」「三玄」……，而論「道」之「盡」「曲」也。明乎此，則老子「道可道，非常道。」之旨亦得矣！

「眾妙之門」——

王注云：「眾妙皆從同而出。」其謬已不待贅言。「眾妙之門」者，謂眾「無」之「妙」皆從「常道」出，以「天下萬物生於有，有生於無。」（四十章）「道常無名……始制有名。」（三十二章）之言觀之，更見其言之妙也。

老子此章，前半由「常道」、「常名」，而「無」「有」，旨在勉人德守「有」「無」；後半則又反溯而上，直至不可以「玄」定之「常道」，欲人突破所「道」之言，用意堪爲深遠。王弼《老子微旨例略》云：「老子之書，其幾乎可一言而蔽之，噫，崇本息末而已矣！」「崇本息末」者，即守「常道」之本也。

二　章

天下皆知美之為美，斯惡已；皆知善之為善，斯不善已。故有無相生，難易相成，長短相形，高下相傾，音聲相和，先後相隨。

訂：「形」──

「形」字各本作「形」，王本作「較」，畢沅《老子道德經考異》云：「本文以『形』與『傾』為韻，不應用『較』又明矣。」老子此六句，「生」「成」「傾」「和」「隨」諸字，皆有「形成」之意，唯不涉「如何形成」。而「較」字乃說明「長短」如何形成者，與文例不符，作「形」為是。劉師培《老子斠補》云：「『較』乃後人旁註之字，以『較』釋『形』，校者遂以『較』易『形』矣。」說頗有理。

「先」──

王弼本「先」作「前」，嚴遵《老子注》、河上公《老子道德經》、羅振玉藏唐人寫本殘卷等皆作「先」。蔣錫昌《老子校詁》云：「老子本書，『先』『後』連言，不應於此獨異。如七章『是以聖人後其身而身先』，六十六章『欲先民必以身後之』，六十七章『舍後且先』，皆其證也。」老子確無「前」「後」連言之例，今從之。

注：美者，人心之所進樂也；惡者，人心之所惡疾也。美惡猶喜怒也，善不善猶是非也；喜怒同根，是非同門，故不可得而偏舉也。此六者，皆陳自然不可偏舉之明數也。

補：「故有無相生……前後相隨。」──

「有無」、「難易」、「長短」、「高下」、「音聲」、「先後」者，皆為「觀念」，非謂指稱之實質，否則，「有無」或可相生，「音聲」或能相和，「先後」何以相隨？豈「前」隨「後」之有？

「生」、「成」、「形」、「傾」、「和」、「隨」六字，並有「生」「成」之意。「形」猶「道生之，德畜之，物形之，勢成之。」（五十二章）之「形」，謂「成其形」；「傾」猶「倒」，猶「吐」，謂「出物於外」，並有「生」「成」之意。「和」謂應和，「隨」謂跟隨，甲應和乙，跟隨乙，即乙引出甲，故「和」「隨」亦有「生」「成」之意。

「相」有相對、相互之意。蓋此觀念之蘊義，初無絕對之標準，不可獨存，為相對以定，同時並生者。今以目之所能見者為「有」，所不能見者為「無」，及以顯微鏡輔之，則目所不能見而以為「無」者，曉然

為「有」矣！此「有」「無」相較而生之明證。他若「難易」、「長短」、「高下」、「先後」，具可依此類推而得，唯「音聲相和」，尚須費言。

「音聲相和」——

「聲」字，說者多以為「回響」，謂「音聲相和」為「音」「響」相互應和，其不通有二：其一，他五者均為相對之觀念，「音」「響」則各定於所指之實物，此與五者不類。其二，「響」應和「音」固宜，「音」應和「響」則未聞，此與「相」字不符。

「聲」亦「音」也，即十二章之「五音」，古或稱「五聲」，如《書‧益稷》云：「予欲聞六律五聲八音。」《周禮》云：「大師掌六律六同，……皆文之以五聲，……宮、商、角、徵、羽。」

殆五音為顯示相對音高者（猶西樂之唱名 DoReMiSoLa），其實際音高視黃鍾、太簇……等十二律（猶西樂之實名　C#CD#D……，）而定。以「黃鍾」為「宮」，猶以 F 為 Do 之 F 大調（周代之「黃鍾」近於 F，見楊蔭《中國音樂史》，下同。），五音依次與黃鍾（F）、太簇（G）、姑洗（A）、林鍾（C）、南呂（D）五律相應。以「太簇」為「宮」，猶以 G 為 Do 之 G 大調，音階依次為太簇（G）、姑洗（A）、蕤賓（B）、南宮（D）、應鍾（E）。兩組音階，音名同為宮商角徵羽（DoReMiSoLa），音高則不同，一為 FGACD，一為 GABDE。

「音聲相和」，謂宮、商、角、徵、羽五音（猶 DoReMiSoLa）之音高，視樂曲之「宮」（猶今之「調」）而定，就「五音」本身而言，彼此僅為相對性之稱謂。王弼《老子微旨例略》云：「不宮不商。」又云：「宮也，則不能商矣。」即謂其相對性，不可執守不變也。

老子此論，特申概念之相對並生，實欲人視之為變易不定之幻相，不執持造就，以免紛迷惑亂，汲汲乎趨避，為害世俗，以致「惡」致「不善」，即五十二章：「既知其子，復守其母，沒身不殆。」之意。王弼注云：「此六者，皆陳自然不可偏舉之明數。」是矣！

正：「天下皆知美之為美……斯不善已。」——

王注云：「美惡猶喜怒，善不善猶是非；喜怒同根，是非同門，故不可得而偏舉也。」將「美」「惡」、「善」「不善」並列，稱某為「美」「善」，乃有「惡」「不善」對生，此其不可偏舉也。誠然，則此二句與下六句遂無異，而以「故」字相接，何可怪哉？況意義既同，則此二句亦無

由特立句式也！觀「斯惡已」「斯不善已」二尾語，此二句實非相對而生之謂。

河上公注云：「自揚己美使顯彰也。」「有危亡也。」「有功名也。」「人所爭也。」說是。蓋「美」「惡」、「善」「不善」相對以出，而世人趨「善」避「不善」，揚「美」隱「惡」，滋亂遂生，紛爭乃起，故云「斯惡矣」「斯不善矣」，此「惡」「不善」，蓋所以謂世態之判斷語也。

老子之「故」，或前承因，後啟果，若一章「故常無」是，或先述果，再敘因，若三十八章「故失道而後德」是。此章之「故」，即屬後者；前二句謂後六句之果，下文「是以」復繼此因果立論。

五十一章：「道生之，德畜之，物形之，勢成之。」

五十四章：「以身觀身，以家觀家，以鄉觀鄉，以國觀國，以天下觀天下。」

四十九章：「聖人常無心，以百姓心為心。善者吾善之，不善者吾亦善之，德善。信者吾信之，不信者吾亦信之，德信。聖人在天下，歙歙為天下渾其心；百姓皆注其耳目，聖人皆孩之。」（按：「德」同「得」。「孩」同「咳」，兼咳也。）

二十章：「唯之與阿，相去幾何？善之與惡，相去何若？人之所畏，不可不畏。荒兮其未央！哉，眾人熙熙如享太平，如春登臺，我獨廓兮其未兆，如嬰兒之未孩。」

是以聖人居無為之事，

校：「居」——

「居」本作「處」，馬敘倫《老子覈詁》云：「十七章王弼注曰：『太上，大人在上，居無為之事，行不言之教，萬物作焉而不為始。』『居無為之事』三句，即引此文，則王『處』作『居』。」

蔣錫昌《老子校詁》云：「二十三章王注：『以無為為居（原作「君」，形近而誤。），不言為教。』六十三章王注：『以無為為居，以不言為教。』皆據此文而言。馬氏謂王『處』作『居』，是也。」二說可從，今據改。

注：自然已足，為則敗也。

補：「無為」——

　　此承首二句「惡」「不善」言，謂知「美」「善」而不致爭亂，無肇「惡」「不善」之道，唯「無為」耳。蓋「道」不能無用，用必有「相對」，須弱以致強而後可也。

　　「無為」乃七十八章「若反」之「正言」，意謂任道「不妄為」（十六章云：「妄作凶。」），故能有「無不為」之功（三十七章）。

行不言之教。萬物作焉而不為始，生而不有，為而不恃，

校：「不為始」——

　　「不為始」，諸弼本皆作「不辭」，范應元《老子道德經古本集註》作「萬物作焉而不為始」，下小注云「古本」，並曰：「王弼、楊孚同古本。」知王注另有傳本。

　　易順鼎《讀老札記》云：「考十七章王注云：『大人在上，居無為之事，行不言之教，萬物作焉而不為始。』數語，全引此章經文，是王本作『不為始』之證。」說甚是。

　　東條弘《老子王注標識》云：「十七章注：『居無為……不為始。』三十八章注：『萬物作而不辭。』兩處用此章全文，而一作『不為始』，一作『不辭』，蓋自王弼時而既有是異同，王因兩用之爾。」

　　三十四章云：「萬物恃之而生而不辭」，則此章宜作「不為始」，不然，十七章注所引乃不知何據。

　　蔣錫昌《老子校詁》云：「易說甚塙。三十章王注：『為始者，務欲立功生事。』三十七章王注：『輔萬物之自然而不為始。』二注皆自此經文而來，亦其證也。」今據改。

注：智慧自備，恃則偽也。

校：「恃」——

　　諸本「恃」字並作「為」。觀「為而不恃」，注乃針對「不恃」而言，非針對「無為」，謂不「恃」己慧，任物自足也。注苟作「為」，則與此句語法不合，殆涉上而誤。

補：「不言」「不為始」「不有」「不恃」——

　　皆「若反」「正言」（七十八章），意謂「不妄言」「不妄為始」「不妄有」

「不妄恃」，要皆任道「自然」（十七章）而己。

功成而弗居；

注：因物而用，功自彼成，故不居也。

夫唯弗居，是以不去。

注：使在己，則功不可久也。

補：「弗居」——

意謂「不妄居」，亦七十八章之「若反」「正義」。

三　章

不尚賢，使民不爭；不貴難得之貨，使民不為盜；不見可欲，使民心不亂。

注：賢，猶能也。尚者，嘉之名也；貴者，隆之稱也。唯能是任，尚也曷為；唯用是施，貴之何為。尚賢顯名，榮過其任，下奔而常效能相射。貴貨過用，貪者競趣，穿窬探篋，沒命而盜。故可欲不見，則心無所亂也。

校：「下奔而常效能相射。」——

此句聚珍本作「為而常校能相射」，宋張太守命撰《道德眞經集註》作「下奔而競效能相射」，元劉惟永《道德眞經集義》同，惟「競」作「競」，「効」作「效」。下文注云：「貪者競趣。」則此「為」字當作「下奔」，唯「常」字亦不應作「競」，方見相對為文之妙。至夫「校」「效」「効」，於此皆可通，今姑復劉本，作「效」。「效能相射」，意謂盡其才力相爭賢愚，與下文注「沒命而盜」正一致。

補：「不尚」「不貴」「不見」——

諸語皆七十八章所謂「若反」之「正言」，其基本意涵在於任「道」不「妄」（十六章），意謂「不妄尚」「不妄貴」「不妄見」。

是以聖人之治，虛其心，實其腹，

注：心懷智而腹懷食，虛有智而實無知也。

補：「虛其心」——

此亦七十八章之「若反」「正言」，「虛」猶「不實」，意謂「不妄實」，
與六十五章：「不以智治國」同。

「實其腹」——

此乃最特殊之「若反」「正言」，「實其心」即「虛其心」，說詳七十八
章。

弱其志，強其骨。

注：骨無知以幹，志生事以亂。

校：「心虛則志弱也。」——衍文。

聚珍本二句下有此一句，並案曰：「原本缺，《釋文》有，應在此注之
下，今據補。」

《釋文》「弱其志」一條於「隆之稱」前，且小字有「本無『爲』字」
數字，似云「不爲盜」者。盧文弨《老子音義考證》云：「舊在『隆之
稱也』上，誤。案本文云：『弱其志，強其骨。』今移於『強』字上。」
即盧氏之考證確切，其下之小字亦未必爲王注原文。

注云「心虛則志弱」，將前文「心」與此句「志」連結，或乃以「心虛
則志弱」加注也。

補：「弱其志」——

亦「若反「正言」，「弱」猶「不強」，意謂「不妄強」其志也。

「強其骨」——

此語法猶前「實其腹」，亦特殊之「若反」「正言」，即「弱其志」之謂。

常使民無知無欲，

注：守其真也。

補：「無知無欲」——

意謂「不妄知」「不妄欲」。十二章云：「爲腹不爲目」，此「不妄欲」
也。

「無知」「無欲」與下文「不敢爲」「無爲」皆七十八章「若反」之「正
言」。

使夫智者不敢爲也；

注：智者，謂知爲也。

補：「不敢為」──

　　意謂「不妄為」。

為無為，則無不治。

補：「為無為」──

　　「無為」意謂「不妄為」，非無所作為。

四　章

道沖，而用之或不盈，淵兮似萬物之宗。挫其銳，解其紛，和其
光，同其塵，湛兮似或存。吾不知誰之子，象帝之先。

訂：「道沖，而用之或不盈。」──

　　此句王注作「道沖而用之，或不盈。」，下文「淵兮似萬物之宗……」
　　遂失其主語。蘇轍《老子解》於「沖」字斷句，今從之。

注：窮力舉重，不能為用；沖而用之，用乃不窮。滿以造實，實來
　　則溢，故沖而用之。又復不盈，其為無窮亦已極矣。形雖大，
　　不能累其體；事雖殷，不能充其量。萬物舍此而求主，主其安
　　在乎？不亦淵兮似萬物之宗乎？銳挫而無損，紛解而不勞，和
　　光而不汙其體，同塵而不渝其真，不亦湛兮似或存乎？地守其
　　形，德不能過其載；天慊其象，德不能過其覆。天地莫能及之，
　　不亦似帝之先乎？帝，天帝也。

校：諸本於「沖而用之」上有「夫執一家之量者不能全家，執一國之量者不
　　能成國，窮力舉重，不能為用。故人雖知萬物治也，治而不以二儀之道，
　　則不能贍也；地雖形魄，不法於天，則不能全其寧；天雖精象，不法於
　　道，則不能保其精。」一段，嚴靈峯先生《陶鴻慶老子王弼注勘誤補正》
　　云：「以上七十八字，乃二十五章注文，錯入於此。」遂移置二十五章
　　注「窮極之辭」下。審其文，「窮力舉重，不能為用。」與四章之「沖」
　　意相合，其他注文則不相類；此兩句當是本章原注，其他諸字，宜從嚴
　　說，歸二十五章注。

補：「淵」──

　　作「博」字解，即王注「不能充其量」，承上「不盈」言用之無窮也。

（參考下文「或不盈」「正」）

「宗」——

主也。言道於萬物，生之長之，養之育之也。

「挫其銳」——

李約《道德眞經新註》云：「能抑進取。」蓋「揣而銳之，不可長保。」（九章）須「見素抱朴」（十九章）不能久長，故王注云：「含守質也。」（五十六章注）

本句及以下「解」「和」「同」諸語，皆「若反」「正言」（七十八章），「挫」謂「不妄揣」也。

「和其光」——

李約《道德眞經新註》云：「參其明也。」此即五十二章「用其光，復歸其明。」之意，王弼注五十六章此句云：「無所特顯，則物無所偏爭也。」謂守明用光乃可徧顯也！「和」謂「不妄顯」也。

正：「沖」——

沖者虛也，與「盅」同誼，故《說文》引《老子》，及傅奕《道德經古本篇》，並作「盅」。王弼亦取此義，唯王注以之爲道用。蘇轍《老子解》云：「夫道沖然至無耳。」道體之謂也。

「或不盈」——

「盈」字王注作「滿」解，謂「保此道者不欲盈」（十五章）之意，高亨《老子正詁》甲云：「既言『沖』，又言『不盈』，文意重複。疑『盈』當訓盡，謂道虛而用之或不盡也。」又曰：「『盈』與『逞』通，而『逞』有盡義，則『盈』亦有盡義明矣。其本字當作『罄』，或作『窒』。」《說文》：『罄，器中空也。窒，空也。』空盡義同，故《爾雅釋詁》曰：『罄，盡也。』」

三十五章云：「用之不可既。」四十五章云：「其用不窮。」既、窮、盈、盡皆有「極至」之義；自其有者視之，則全滿無缺，自其無者視之，則空蕩不有，可引申而相得也。董思靖《太上老子道德經集解》云：「而其用則無所不該。」言道用不可窮盡，無所不包。故下文云「淵」，云「萬物之宗」。

「或」字王注作「又復」解，有「更加」之義，乃執「沖」爲用之故。

「或」與「若」同。董思靖《太上老子道德經集解》云：「或之者，疑之也。」蓋道用守虛沖，其功雖至巨，而自然不可識察，故下文曰「似」，意趣相同。

「**解其紛**」——

此章下文云「湛兮似或存」，五十六章此數句下云「是謂玄同，不可得而親，不可得而疏……」其上並增「塞其兌，閉其門」二句，則兌、門、銳、紛、光、塵六者，並謂道已發用，塞、閉、挫、解、和、同六者，並謂道用之卑弱，六「其」字皆謂「道」，乃昭然可知。以其「用」之自然不顯，其「存」遂「窈兮冥兮」（二十一章）故云「似或存」，「不可得而親」也。王弼於五十六章此句下注云：「除爭原。」視「紛」爲「紛爭」之意，則「其」之所指，乃「可得而疏」矣！

董思靖《太上老子道德經集解》云：「紛者，事之節目繁會而盤錯者也。」

「解」者釋也，放也，「解其紛」者，謂「不妄守紛」也，守一知眾也；此即老子之「儉」（六十七章），故曰：「少則得，多則惑。」（二十二章）

「**同其塵**」——

王弼注五十六章「和其光」云：「無所特顯，則物無所偏爭也。」注此句云：「無所特賤，則物無所偏恥也。」以「無所特」釋「同」甚佳，視「塵」爲物所恥之「賤」，則待商榷。三十九章云：「貴以賤爲本。」老子書之「賤」乃與「母」「本」同旨，非前文「兌」「門」「銳」「紛」「光」之類也。

「塵」者跡也。陳象古《道德眞經解》云：「渾其跡也。」與「混兮其若濁」（十五章）之旨正合，蓋不特異於塵俗之謂也。

「**湛**」——

正注云：「銳挫而無損，紛解而不勞，和光而不汙其體，同塵而不渝其眞，不亦湛兮似或存乎？」殆以「湛」爲「精深」之義，故乃無損不勞，不汙不渝。

前四句既云道之窈冥，則此「湛」字當如《說文》，作「沒」解，謂「道隱無名」（四十一章），「緜緜若存」（六章）也。嚴復《老子道德經評

點》云：「此章專形容道體，當荄『或』字與兩『似』字，方爲得之。蓋道之爲物，本無從形容也。」下文「象」字可並觀也。

五 章

天地不仁，以萬物為芻狗；

　注：天地任自然，無為無造，萬物自相治理，故不仁也。仁者必造立施化，有恩有為，造立施化，則物失其真；有恩有為，則物不具存；物不具存，則不足以備載矣！地不為獸生芻而獸食芻，不為人生狗而人食狗；無為於萬物，而萬物各適其所用，則莫不贍矣！若慧由己樹，未足任也。

　補：「不仁」——

　　此句爲「若反」「正言」（七十八章），意謂「不妄施仁」，猶五章「與善仁」。

　正：「芻狗」——

　　王弼下句注云：「以百姓比芻狗。」則此句即「以萬物比芻狗」之意，謂天地之於「萬物」，猶天地之於「芻」「狗」，「不生」「不施」，而「萬物自相治理」。

　　以「仁」涉及生化、治理，非老子之旨，況「獸食芻」「人食狗」之說亦不知何據。

　　司馬光《道德眞經論》云：「芻狗，祭祀之具也。」王安石《老子注》說同。淮南子《齊俗篇》云：「所謂禮義者，五帝三王之法籍風俗，一世之迹也。譬若芻狗黃龍之始成，文以青黃，絹以綺繡，纏以朱絲；尸祝神袨，大夫端冕，以送迎之；及其已用之後，則壞土草薊而已，夫有孰貴之？」

　　「芻狗」之誼當是如此，當貴則貴，當棄則棄，此注文「任自然」「萬物各適其用」之旨也。

聖人不仁，以百姓為芻狗。

　注：聖人與天地合其德，以百姓比芻狗。

　補：以百姓比芻狗，謂任百姓之自然，猶天地之無爲於萬物也。

天地之間，其猶橐籥乎；虛而不屈，動而愈出。

訂：「間」——疑當作「門」

易順鼎《讀老札記》云：「《文選·文賦注》引《老子》作『天地之門』，蓋別本有作『門』者，與本書『眾妙之門，玄牝之門』同義。」《文選》此注，或作「間」，或作「門」，本為何者，殆未可知，然疑《老子》本當作「門」也。

觀「動而愈出」之意，謂萬物之生明矣！而老子書之謂「天」「地」，止乎畜養治理以成之耳，未見生物之言，故以「道生之」「勢成之」（具五十一章文）別之，「天」「地」勢也。一章云：「無，名天地之始。」六章云：「玄牝之門，是謂天地之根。」「天地之始」「天地之根」「玄牝之門」，即此「天地之門」，謂道之體也，故云：「緜緜若存，用之不勤。」（六章）與「虛」「動」「不屈」「愈出」之趣正相合。

注：橐，排橐也。籥，樂籥东。橐籥之中，空洞無情無為，故虛而不得窮屈，動而不可竭盡也。天地之中，蕩然任自然，故不可得而窮，猶若橐籥也。

正：「天地之門」——

「門」作「間」之不可解已見上訂，則王注云「天地之中」者，自亦不可從。「天地之門」即二十五章「先天地生」之「道」。

「橐籥」——

王弼下文注云：「若橐籥有意於為聲。」知王弼視二者皆樂器。樂器之生音，恒則恒矣，而音律有限，無以出眾聲，引以為喻，未合老子欲「全」（二十二章）之意，恐未當。

吳澄《道德真經註》云：「橐籥，冶鑄所用噓風熾火之器也。為函以周罩於外者，橐也；為轄以鼓扇于內者，籥也。」「轄」者，管也，《老子》之意當如此。

此兩句即四章「道沖」之意也。

多言數窮，不如守中。

注：愈為之則愈失之矣。物樹其慧，事錯其言，其慧不濟，其言不理，必窮之數也。橐籥而守中，則無窮盡；棄己任物，則莫不理。若橐籥有意於為聲也，則不足以共吹者之求也。

校：「物樹其慧」——

「慧」字本作「惡」，不可解。陶鴻慶《讀老札記》云：「『惡』爲『慧』字之誤，『慧』與『惠』同。上文云：『若慧由己樹，未足任也。』是其證。」是。

「其慧不濟，其言不理。」——

此二句本作「不濟不言不理」，岡田贇校《王注老子道德經》「不言」作「其言」，桃井白鹿《老子評注》云：「若作『物樹其惠，事措其言，其惠不濟，其言不理。』則似較通。」說可從，唯依注例，「惠」宜作「慧」，今改之。

「守中」——

本作「守數中」，嚴靈峰先生《陶鴻慶老子王弼注勘誤補正》云：「『數』字在此無義，疑涉上『之數』句而衍，當刪去。」下文云「盡己任物」，與此「守中」正同，有「數」則不暢。

補：「事錯其言」——

「錯」者「措」也，謂理事而多措之辭，不能任物自理，故下云「其言不理」，此承上「無造無爲，萬物自相治理」而言。

「守中」——

「中」同「沖」，虛也，即十六章「守靜」之意。

「共」——

「共」者，供也，張太守命撰《道德眞經集註》作「供」。

正：「數」——

王注以「數」爲名詞，未當。

吳澄《道德眞經註》云：「數，猶速也。」老子三十章云：「不道早已。」「速窮」即「早已」。

六　章

谷神，不死，是謂玄牝；玄牝之門，是謂天地之根。緜緜若存，用之不勤。

校：「天地之根」——

諸王本無「之」字，而注引經文作「天地之根」，則王本固有「之」字也。《帛書老子》，《傅奕本》及《列子・天瑞篇》引《黃帝書》，皆有「之」字，老子原文當如此。

訂：「谷神，不死」——

諸本「神」字皆不讀，意難明，今斷之。詳下「正」。

注：谷神，谷中央無者也。無形無影，無逆無違，處卑不動，守靜不衰，谷以之成而不見其形，此至無也。處卑而不可得名，故謂之玄牝。玄牝之門，玄牝之所由也。本其所由，與極同體，故謂之天地之根也。欲言存耶，則不見其形；欲言亡耶，萬物以生，故曰縣縣若存也。無物不成，用而不勞也，故曰用而不動也。

校：「谷中央無者也」——

「者」字本作「谷」，不可解，《釋文》「谷」字下云：「中央無者也，」蓋引王注，今據改。

「此至無也」——

「無」字本作「物」，嚴靈峰先生《陶鴻慶老子王弼注勘誤補正》云：「上文：『無形無影』，又言：『中空無物』，此不得謂『至物』。疑『物』當作『無』。」「中空無物」不知所自，然說則甚是，蓋承上「中央無」而言者。

「故謂之玄牝。玄牝之門，玄牝之所由也。」——

此處本作「故謂天地之根，縣縣若存，用之不勤。門，玄牝之所由也。」易順鼎《讀老札記》云：「下文又云：『本其所由，與極同體，故謂之天地之根也。』不當複解『天地之根』。《列子・天端篇》張湛注引王注云：『處卑而不可得名，故謂之玄牝。』當據以訂正。」豈「天地之根」複解而已，「縣縣若存」，「用之不勤」皆然，應具刪。

又「門」上應有「玄牝之」三字，與十章注「天門，謂天下之所由從也。」同；不然，「門」者焉得逕謂爲「玄牝之所由」？

「故曰縣縣若存」——

本無「曰」字，嚴靈峯先生《陶鴻慶老子王弼注勘誤補正》云：「《列子・天瑞篇》張注引作：『故曰縣縣若存。』『故』下有『曰』字，是也。蓋此引經文，與下『故曰用而不勤也』，相對成文。」

補：「與極同體」——

二十三章王注云：「與得同體。」「與失同體。」與此體式正同。八十一章注云：「極在一也。」蓋「極」非若「一」之爲專詞，乃其所指謂者在「一」也，此與「與道同體」（二十三章注）之例不同。

「天地之根」——

王弼釋「玄牝之所由」云：「本其所由，與極同體，故謂之天地之根。」謂與「一」同體之「玄牝之門」，乃「天地之根」。

「天地」猶「玄牝」，「根」猶「門」；前者爲「有」，後者爲「無」，所謂「有生於無」（四十章）是也。「一」者，謂其「混成」（二十五章），與「無」所指無異。

「緜緜若存」——

司馬光《道德眞經論》云：「微而不絕，若亡若存。」指「根」「門」之「幾」「微」（十四章）也。

正：「谷神，不死」——

王注以「谷神」爲一物，謂「谷之神」，「至無」不可見，故云「谷以之成」。唯觀「是謂玄牝」一語，則此句所言，當與「牝」境界相同，蓋老子之「有」，而守道處弱者也。

十五章云：「曠兮其若谷。」此章之「谷」意同。「神」者，猶「天下神器」（二十九章）之「神」，「不測」（司馬光《道德眞經論》）也。

「不死」王注云「不衰」，是。

此句蓋以「谷」爲主語，神、不死，皆其表謂語也。「谷」虛而容衆，不求而自盈，長久不竭，故謂之「神」「不死」；雖「有」而體「無」，故謂之「玄牝」，蓋與「牝」同具「玄德」（六十五章）也。其德實同「天」「地」，故其「門」乃謂之「天地之根」，老子之論，誠理而不紊也。

「故謂之玄牝」——

王弼不明老子「有」「無」之旨，遂以「玄牝」爲無形「不可得名」之「無」。老子云：「牝常以靜勝牡。」（六十一章）「牝牡之合」（五十五章）其有形明矣！

「用之不勤」——

王注云：「用而不勞。」五十二章注云：「無事永逸，故終身不動也。」以「勤」為「勞苦」之意，恐未當。《淮南子‧原道篇》「旋縣而不可究，纖微而不可動。」《高注》云：「勤，盡也。」〈原道篇〉又云：「布施而不既，用之而不勤。」「既」「勤」對文，其為「盡」意益明；此即四章「道沖，而用之或不盈。」之意。

七　章

天長地久；天地所以能長且久者，以其不自生，

注：自生則與物爭，不自生則物歸也。

故能長生。是以聖人後其身而身先，外其身而身存，非以其無私耶，故能成其私。

注：無私者，無為於身也。身先身存，故曰能成其私也。

補：「外其身」者，即十三章「無身」之意。

「不自生」「後其身」「外其身」「無私」皆「若反」「正言」（七十八章），意謂因任不「妄」（十六章）私。

八　章

上善若水；水善利萬物而不爭，處眾人之所惡，

注：人惡卑也。

補：「上善若水」——

上善若水，謂上善卑處不爭，善利萬物，與水相若也，此與四十一章「上德若谷」同。

故幾於道。

注：道無水有，故曰幾也。

正：王注以「有」「無」之差，定「水」「道」之等，非是。苟以「有」者不能同「無」，則萬物未嘗無形，而《老子》云「從事於道者同於道」（二十三章），何耶？

「幾」者近也，蓋謂水處卑弱利萬物，雖具「上德」，未為深也；故「道」

者深遠，不知其弱，而「水」之「柔」，則眾皆知之，此「失道而後德」
（三十八章）之精義。

居善地，心善淵，與善仁，言善信，正善治，事善能，動善時。夫唯不爭，故無尤。

注：言水皆應於此道也。

校：「水」字本作「人」，「此」字本作「治」，張太守命撰《道德眞經集註》，劉惟永《道德眞經義》，《永樂大典》紀昀案語皆作「水」「此」，當據改。

「治」乃道用之一耳，若作「治道」，則「治」乃唯一楷模，與經文不合。

此者，謂此七者（波多野太郎《老子王注校正》），皆道用之德也。

至夫「人」字，當作「水」益明，否則，豈「人」皆具七德哉？波多野太郎以爲，「水皆應於此道」者，蓋謂水之不爭，其用皆與此七者同德。此注乃王弼承上「上善若水」，言「水」之不爭，猶體「道」者具此七德，未嘗云「人」也。

補：「居善地……動善時」——

此七句皆云「上善」之「不爭」，而老子言「不爭」者，見三、八、二十二、六十六、六十八、七十三、八十一諸章，凡十一處，皆即「動態」而謂其行處，則此章之「居」、「心」、「與」、「言」、「正」、「事」、「動」皆爲「動詞」，而七句皆不涉功果可知。

其下二字，或作「補語」，或作「修飾語」，依「善」字、末字之用法而定，未必一也。

「地」、「淵」、「仁」、「信」、「治」、「能」、「時」者，塵俗之意耳，故均冠以「善」字，而後乃得老子妙境。

「居善地」者，居處於善地也；此即上文之「處眾人之所惡」，亦七十六章「強大處下」之意。

「心善淵」者，存心於善淵也。「淵」者，猶三十六章「魚不可脫於淵」之「淵」，唯此乃心池也。

「居善地」「心善淵」語式一類，意趣相同，皆云內藏卑斂之德。

「與善仁」者，施與則善於行仁也。「仁」者，愛惠也，「善仁」者，

即五章之「不仁」，故能偏愛無所不至。

「言善信」者，言說則善於信誠也。六十三章云：「輕諾必寡信。」八十一章云：「美言不信。」以其重諾不美，故能「善信」。

「正善治」者，爲政則善於治理也；「正」通「政」。六十五章云：「不以智治國，國之福。」此其「善治」也。

「事善能」者，處事則善於勝任也。嚴靈峰先生《老子章句新編纂解》云：「能，才能，勝任，功能也。『事無事』、『以無事取天下』、『我無事而民自富』，事善能也。」說是。然「能」無須謂爲「才能」、「功能」，直言「勝任」可矣！

「動善時」者，作動則善於應時也；即司馬遷《自序》所云之「與時遷移」。唯老子之應時，非有意察窺時變，積極因而用之（蔣錫昌《老子校詁》），乃體道以動，無爲而行，遂致應時耳，故曰「善時」。

「尤」——

「尤」者，河上公云爲「怨尤」，李約《道德眞經新註》云：「尤，過也。」觀老子書，繼云「不爭」之功果者，若「以其不爭，故天下莫能與之爭。」（六十六章）「不爭而善勝。」（七十三章）皆守自身而言，即四十七章「不見而名，不爲而成。」之意。依此，則「尤」宜作「過」解，若云「怨尤」，則涉人我爲論，恐非老子之意。

九　章

持而盈之，不如其已。

注：持，謂不失德也。既不失德，又盈之，勢必傾危，故不如其已也。不如其已者，謂更不如無德無功者也。

校：「不如其已也」——

注原無，波多野太郎《老子王注校正》云：「『已』字下，宜補『也不如其已』五字。下注：『既揣末令尖，又銳之令利，勢必摧衄，不可長保也。』句法相同。」今據補。

正：「持而盈之」——

王注「持」「盈」分釋，以「持」爲「不失德」，且云「不如無德無功」，則輔嗣以「盈」爲「居功」，猶下文「金玉滿堂」可知，故注「金玉滿

堂」句云：「不若其已。」欲使無德辭功也。實不解老子「盈」字之意。「持」「盈」二字皆謂「德」，「持而盈之」意謂持德自滿。「不如其已」者，即十五章「不欲盈」，謂含德畜智，不使盈滿，以避速亡也。

揣而銳之，不可長保。

校：「銳」──

> 聚珍本作「梲」，紀昀案云：「『梲』，各本俱作『銳』，惟《釋文》作『梲』，音『銳』。」易順鼎《讀老札記》云：「『梲』字當同河上本，作『銳』。《說文》：『梲，木杖也。』『梲』既爲木杖，不得云『揣而梲之』。」又云：「實則王本作『銳』……注云：『既揣末令尖，又銳之令利，勢必摧衂。』是其證。」劉惟永《道德眞經集義》作「銳」，並云：「嚴遵、楊孚、王弼並同古本。」而《釋》文作「梲」，謂「河上公作『銳』。」豈另有所本哉？四章云：「挫其銳。」意同此，今據改。

注：既揣末令尖，又銳之令利，勢必摧衂，故不可長保也。

補：「衂」者，折也。此章即「挫其銳」（四章）之意。

正：「揣而銳之」──

> 此章承上句「盈滿自足」，言「顯露鋒芒」（張默生《老子章句新釋》）尤爲不可，王注之意固是，其以「揣」「銳」分釋則誤。
> 波多野太郎《老子王注校正》引服部悔菴曰：「揣者所以銳之也。」「揣」者，河上公云：「治也。」即「捶」也（《說文》）；「銳」即「尖」也，故云「挫」之。

金玉滿堂，莫之能守。

注：不若其已也。

正：注云：「不若其已。」蓋誤解「盈」字之故。此句與下句皆二章「不有」之意，與上二句言虛弱自處有別。

富貴而驕，自遺其咎。

注：不可長保也。

正：見前句「正」。

功遂身退，天之道。

訂：「功遂身退」──

聚珍本原文如此，而眾本多作「功成名遂身退」，《淮南子‧道應篇》，《文子》〈上德篇〉、〈道德篇〉，《牟子理惑論》引老子，並同眾本，易順鼎《讀老札記》遂以爲當作如此。

《釋文》云：「『遂』，本又作『成』。」馬敘倫《老子覈詁》云：「王注曰：『四時更運，功成則移。』是王本作『成』也，老子古本蓋作『功成身退，天之道。』」

《隸本帛書老子》，《漢書‧疏廣傳》、《牟子理惑論》（另一處）引老子，皆作「功遂身退」。李約《道德眞經新註》則作「功成事遂」。

察此四者，李約本蓋涉十七章而誤，其他三異，則莫知原始。幸乎文雖異而義不違，今姑仍聚珍本之舊。

注：四時更運，功成則移。

補：「遂」者「成」也，「移」者「去」也，即二章「功成而弗居」之謂。

此章五句，首二句言抱撲守眞，次二句言恬淡寡欲，一謂德智，一謂貨財，淡然視之，安然處之，所以能功成不居者，唯此而已。

十　章

載營魄抱一，能無離乎？

注：載，猶處也。營魄，人之常居處也；一，人之真也。言人處常居之宅，抱一清神，能常無離乎，則萬物自賓也。

校：「言人處⋯⋯」，「人」下本有「能」字，波多野太郎《老子王注校正》云：「『能』字疑衍，驗諸上下注可知。但下注『言能滌除邪飾』之『能』字衍也。」今據刪。

補：「營魄」——

注云：「人之常居處也。」語意未明。

《素問‧調經論》云：「取血於營。」王冰注曰：「營，主血陰氣也。」此「營」當同之。

「魄」，《說文》云：「陰神也。」《呂氏春秋‧禁塞篇》云：「費神傷魄。」高誘注曰：「陰精爲魄。」蓋與「魂」之爲「陽氣」有別也。

「營魄」者，蓋謂人之精與神，而生乎陰者。蓋萬物固「負陰而抱陽」（四十二章），及其所守，則持陰握柔，即二十八章「知其雄，守其雌。」

之意。

正：「載」——

注曰「處」，東條弘《老子王注標識》云：「《楚辭‧遠遊篇》『載營魄而登霞』，王注：『抱我靈魂而上升也。』」以「抱」訓「載」，皆「持守」之意，蓋人之「抱」猶車之「載」也。「載營魄」，謂持守精神也。

「一」——

注曰「人之眞」，未切。「一」猶三十九章、四十二章之「一」，爲「道」體之「常質」，「人之眞」不過就其在人而言耳。「抱一」猶「載營魄」，謂持道守眞也。

「乎」——

諸「乎」字王注皆作「肯定嘆詞」，非是。當爲「疑詞」，欲人省思以臻所言也。

此二句殆謂遵道守德，不假外馳之意，故云「無離」，注云「則萬物將自賓」，取三十二章經義。

專氣致柔，能嬰兒乎？

注：專，任也；致，極也。言任自然之氣，致至柔之和，能若嬰兒之無所欲乎，則物全而性得矣。

補：「專」「致」——

注曰「任」「極」，皆有「守」意。「致」猶十六章「致虛極，守靜篤。」之「致」，推而極之也。

「專氣」——

猶二章虛心弱志之意，故注云「無所欲」。

正：「柔」——

注云：「至柔之和。」以「和」爲重，實不必也。「柔」如嬰兒，即五十五章「骨弱筋柔而握固」之「柔」。

滌除玄覽，能無疵乎？

注：玄，物之極也。言滌除邪飾，至於極覽，能不以物介其明，疵其神乎，則終與玄同也。

校：「言滌除邪飾」——

原注於「言」下有「能」字，陶鴻慶《讀老子札記》云：「上『能』字當衍。」依上下注知其然，今據刪。

補：「疵」——

「疵」，「瑕穢」也。（李約《道德真經新註》）

正：「玄覽」——

王注以「覽」爲動詞，「玄」爲修飾詞，謂「至於極覽」，非。

河上公曰：「心居玄冥之處，覽知萬事，故謂之玄覽也。」以「玄覽」爲「心」，說是，然猶未得「覽」字妙旨。

「覽」《隸本帛書老子》作「監」，張默生《老子章句新釋》云：「『玄覽』，即是『玄鑒』，是形上的鏡子，故稱『玄鑒』，指復反光明澄澈的心體而言。」甚是。

「滌除玄覽」——

此即「爲道日損」（四十八章）之意，河上公曰：「洗其心使淨潔也」，李約《道德真經所註》云：「玄覽，心也。心靈通，雖幽遠亦能覽而知之。人皆多欲，役之無度，遂生瑕穢，不能照燭，故令以道洗滌，除其塵累也。」

愛民治國，能無以知乎？

校：「無以知」——

聚珍本作「無知」，《隸本帛書老子》、傅奕《道德經古本篇》、范應元《老子道德經古本集註》皆有「以」字，注云「能無以智乎。」范應元曰：「王弼、孫登同古本。」則王本有「以」字明矣！此即六十五章「不以智治國。」

注：任術以求成，運數以求匿也，智也。玄覽無疵，猶絕聖也；治國無以智猶，棄智也。能無以智乎，則民不辟而國自治也。」

校：「國自治」——

原注作「國治之」，陶鴻慶《讀老子札記》云：「當作『國自治』。」下句注云「物自賓而處自安」，與此句式正同，「治之」蓋音近而誤。

「辟」——

避也。十七章注云：「以智治國，下知避之。」四十九章云：「無所察

－30－

爲，百姓何避。」具同。

天門開闔，能為雌乎？

校：「為」——

聚珍本作「無」，道藏本王注作「爲」，俞樾《老子平議》云：「王弼云：『言天門開闔，能爲雌乎，則物自賓而處自安矣。』是王弼本正作『能爲雌』也。」作「無雌」文義皆不合老子之例。

注：天門，謂天下之所由從也。開闔，治亂之際也。或開或闔，經通於天下，故曰天門開闔也。雌應而不倡，因而不為。言天門開闔能為雌乎，則物自賓而處自安矣。

補：「倡」——

劉惟永《道德眞經集義》引王注，「倡」作「唱」，波多野太郎《老子王注校正》謂「倡唱相通」，並引《禮記・樂記》「壹倡而三歎」爲證，說是。故六十八章注作「應而不唱」。

正：「天門」——

注云「天下之所由從」，又以「開闔」爲「治亂之際」，謂「天門」有治亂，意殊不解。

老子此六句，皆言人之修治，「能」以上之文，未全合道，乃以下文爲修德之標的；此「天門」，亦應與「人」之作爲相關。

五十二章云：「塞其兌，閉其門。」此章之「門」，與五十二章同，謂口、目也，與謂耳鼻之「兌」（詳五十二章），共指人之感官。「天門」猶「玄覽」，動作須依「道」，故謂之「天」。「天門開闔，能爲雌乎？」即不多言、不貪視之意，實括耳鼻而說，亦老子之「弱」用。

明白四達，能無知乎？

校：「無知」——

聚珍本作「無爲」，范應元《老子道德經古本集註》作「无以爲」，道藏本作「無知」，河上公本同道藏本。東條弘《老子王注標識》云：「據注則『爲』上亦脫『以』字，畢沅作『能無以爲乎』。」王注所據本蓋作「無以爲」也。

訂：「無知」——

審「明白四達」，惟智之謂耳，無治化之意，則作「爲」無據矣！此當作「無知」，如道藏本。

注：言至明四達，無迷無惑，能無以為乎，則物化矣！所謂道常無為，侯王若能守，則萬物自化。

正：「無知」——

王注既得「明白四達」眞旨，卻拘於字句之誤，強爲之說，惜哉！見「訂」。

生之，

注：不塞其原也。

補：「原」猶「源」。五十一章云：「道生之。」

畜之。

注：不禁其性也。

補：「畜」，充實蘊育也。五十一章云：「德畜之。」

生而不有，為而不恃，長而不宰，是謂玄德。

注：不塞其原，則物自生，何功之有；不禁其性，則物自濟，何慧之恃；物自長足，不吾宰成。有德無主，非玄而何？凡言玄德，皆有德而不知其主，出乎幽冥。

校：「何慧之恃」——

「慧」原作「爲」，不可解。二章「爲而不恃。」注云：「智慧自備，恃則僞也。」五章注云：「物樹其慧……其慧不濟。」與此注同意，今據改。

補：「玄德」——

「玄」者深遠不可測知，「玄德」謂「德」之質「玄」，注謂「德」出乎幽冥，不知其主故爲「玄」，以其遵道無爲也。

十一章

三十輻共一轂，當其無，有車之用；

注：轂所以能統三十輻者，無也。以其無，能受物之故，故能以寡統

眾也。

校：「寡」——

　　諸本皆作「實」，不可解，陶鴻慶《讀老子札記》云：「『實』為『寡』字之誤。」司馬光《道德眞經論》云：「以其虛中受物，故能以寡統眾。」殆即取意王注。

埏埴以為器，當其無，有器之用；鑿戶牖以為室，當其無，有室之用。故有之以為利，無之以為用。

訂：「埏」——

　　諸王本作「埏」，唯《釋文》作「挻」。羅振玉《老子考異》云：「今本作『埏』，《釋文》出『挻』字，知王本作『埏』，今據改。」

　　繼考他家，二字各互出，馬敘倫《老子覈詁》曰：「說文無『埏』字，當依王本作『挻』。」王弼本作「挻」否既未定，復以說文無「埏」字，遂云《老子》當作「埏」，未必然不可合；《老子》所用，豈必見乎《說文》？

　　朱謙之《老子校譯》云：「『挻』『埏』義通，不必改字。……《字林》：『「揉」，柔也，今字作「揉」。』……王念孫曰：『「挻」亦和也。《老子》：「埏埴以為器」河上公曰：「挻，和也；埴，土也，和土以為飲食之器。」《太玄・玄文》：「與陰陽挻其他。」蕭該《漢書敘傳音義》引守忠注曰：「挻，和也。」《淮南・精神篇》：「譬猶陶人之剋挻埴也。」蕭該引許慎注曰：「挻，揉也。」《齊策》：「桃梗謂土偶人曰：子西岸之土地，挻子以為人。」高誘注曰：「挻，治也。」義與「和」相通。』由上知『挻』有揉挻之義。」

　　「挻」「埏」義既可通，重以形近，故典籍多互出，今姑仍聚珍本，作「埏」。

注：木埴壁所以成三者，而皆以無為用也。言有之所以為利，皆賴無以為用也。

校：「言有之所以為利」，「言」字下原有「無者」二字，波多野太郎《老子王注校正》云：「『無者』二字衍。」今據刪。

補：「埏埴」——

　　埴，董思靖《太上老子道德經集解》云：「粘土地。」是。「埏」字，高

誘注《齊策》曰：「治也」（見上「訂」），河上公云：「和也……和土以爲飲食之器。」（見上「訂」）吳澄《道德眞經註》云：「和土也……謂以水和粘膩之土爲陶器也。」朱謙之以爲「揉埏」（見上「訂」），蓋「和水揉土以治之」也。

「有之以為利，無之以為用。」——
兩「之」字皆語詞。

十二章

五色令人目盲，五音令人耳聾，五味令人口爽，馳騁畋獵令人心狂，

訂：「心狂」——
諸本並作「心發狂」，高亨《老子正詁》乙云：「『發』字疑衍。《說文》：『狂，獄犬也。』重文作『忹』。狂本心疾，故字亦从心。……『心狂』二字，其意已足，增一『發』字，則反贅矣。此文『令人目盲』『令人耳聾』『令人口爽』『令人心狂』『令人行妨』，句法一律，增一『發』字則失其句矣。」注云：「故曰盲聾爽狂。」足見「發」爲衍文。

注：爽，差失也；失口之用，故謂之爽。夫耳目口心，皆順其性也；不以順性命，反以傷自然，故曰盲聾爽狂也。

補：「五色」「五音」「五味」——
范應元《老子道德經古本集註》云：「五色，青赤黃黑白也。」又云：「五音，角徵宮商羽也。」「五味，酸苦甘辛鹹也。」老子雖言「五」，實兼眾矣！

「目盲」「耳聾」「口爽」「心狂」——
李約《道德眞經新註》云：「久而視之，則熒然無見，故若盲；聽之移時，則昏然無聞，故若聾；咀之不輟，則差然無別，故若爽；奔逐狐兔，困不暇息，故若心之發狂也。」

難得之貨，令人行妨。

注：難得之貨，塞人正路，故令人行動。

是以聖人為腹不為目，故去彼取此。

注：為腹者以物養己，為目者以物役己，故聖人不為目也。

補：「為腹不為目」——

此即二章虛心弱志，實腹強骨之意，「為目」猶逞心馳志，「為腹」則寡欲取足而已。

「去彼取此」——

《老子》言「去彼取此」，又見三十八章、七十二章，皆不取意文字，作前者後者解。

「此」者內實，此謂「腹」；「彼」者外華，此謂「目」。

十三章

寵辱若驚，大患若身。何謂寵辱若驚？得之若驚，失之若驚，是謂寵辱若驚。

校：「大患若身」——

眾本此句作「貴大患若身」，高亨《老子正詁》甲云：「此處云『貴大患若身』，下文云『何謂貴大患若身』，二『貴』字義不可通，殆皆衍文也。注曰：『故曰大患若身。』是王本原無『貴』字。河上公注曰：『貴，畏也。』是河上本原有『貴』字。今王本亦有『貴』字者，後人依河上本增之也。」考王注，確無「貴」字之意，則王本原作「大患若身」也。

下文云：「吾所以有大患者。」又云：「吾有何患？」則老子無「貴」字明矣！不然，當云：「吾所以有貴者。」「吾有何貴？」方合。「貴」殆涉下文而衍。

訂：「得之若驚，失之若驚。」——

此二句上王本有「寵為下」三字，河上公本作「辱為下」，陳景元《道德真經藏室纂微篇》作「寵為上，辱為下。」並云：「河上公本作『寵為上，辱為下。』……皇甫謐本亦作『寵為上，辱為下。』」所據河上公本殆另有傳本。張嗣成《道德真經章句訓頌》，李道純《道德會元》並同陳本，《世說新語·棲逸篇》注引《老子》作：「寵辱若驚；得之若驚，失之若驚。」

審「寵辱若驚」，知二者皆使驚之，焉致單言「寵為下」或「辱為下」？

苟如陳本，寵辱分爲上下而並言，則得寵失辱爲驚耶？抑得辱失寵驚耶？

《世說新語・棲逸篇》云：「不驚寵辱。」，此「寵辱若驚」，即「驚寵辱」之意，謂人苟逐寵避辱，則猶下文之「有身」，亦有欲矣，雖將清靜，其可得乎？故云「寵辱若驚」，「若」字有大要焉。蓋「驚」字謂其惑亂，無分喜憂也。二十六章云：「雖有榮觀，宴處超然。」此謂得寵不驚，八章云：「處眾人之所惡。」其將得辱不驚明矣。惟俗則不能至，故具驚也。今從世說注引，刪「寵爲下」。

注：寵必有辱，榮必有患；寵辱等，榮患同也。辱生於寵，故曰寵為下。得寵辱榮患若驚，則不足以託天下也。

校：「寵辱等」——

「寵」字本作「驚」，波多野太郎《老子王注校正》云：「服部南郭曰：『「驚辱」之「驚」，疑當作「寵」。』」又云：「下注不以寵辱榮患損易其身，是其證。」注文「得寵辱榮患若驚」「寵必有辱」已足證之矣！

「辱生於寵，故曰寵為下。」——

原注本無「辱生於寵，故曰寵」，東條弘《老子王注標識》云：「『爲下』之上，補『辱生於寵，故曰寵』七字，則注可得讀也。然不知是否。」蓋王本有「寵爲下」之文，故輔嗣注之。觀注前文「寵必有辱」，則東條弘氏所補雖未必王注原文，其意義必不差，今從之。

「不足以託天下」——

原注作「不足以亂天下」，東條弘《老子王注標識》云：「『亂』當作『託』，乃以字形似誤寫者。」王注以「寵辱」「大患」二句互言，故下文注不離榮患寵辱，則此當與下文呼應，作「託」。

補：「寵辱若驚」——

「若」，高亨《老子正詁》甲云：「猶乃也。」即「則」也。

正：「寵爲下」一句既爲衍文，則不當作注，而王弼注之，幸未害他意也。

何謂大患若身？

校：眾本「大患若身」上有「貴」字，蓋衍，說見前「大患若身」「校」。

注：大患，榮寵之屬也。生之厚，必入死之地，故謂之大患也。人迷之於榮寵，返之於身，故曰大患若身也。

正：「大患」——

　　大患，王注以爲「榮辱之屬」，蓋必與合「寵辱」「大患」二句爲言之故，實未必也。

　　「寵辱」言有欲，「身」言有己，雖「有欲」乃「有己」之爲，然不必以「大患」即「榮寵之屬」也，亦所謂憂患之大者而已。

　「大患若身」——

　　「若」，即「乃」（高亨説，同上句「補」）；「大患若身」，謂有大患乃以有己之故。蓋爲私則逐索遁避不息，大患必至，故注云「生之厚必入死之地」。

吾所以有大患者，爲吾有身，

注：由有其身也。

及吾無身，

注：歸之自然也。

補：「及」，河上公訓爲「使」，即「若」也。

　　「無身」即七章之「無私」。

吾有何患？故貴以身爲天下，若可託天下。

校：「託天下」——

　　諸本此句作「寄」，下句作「託」，與注互換。依注，則王本固先「託」後「寄」也。《傅奕本》、范應元本皆同王本。

注：無物可以易其身，故曰貴也，如此乃可以託天下也。

校：「無物可以易其身」——

　　聚珍本作「無以易其身」，張太守命撰《道德眞經註》「無」下有「物」字，東條弘《老子王注標識》云：「按十七章『貴言』注：『無物可以易其言，故曰貴。』與此注同意，因知此注『無』下本有『物可』二字，如此，則與下注『無物可以損其身，故曰愛也。』句意全同，且下注又云：『損易其身。』是合『損其身』，『易其身』二注而言之也，觀此益見其爲脫文耳。」覈之句式，義理，並可從，今據補。

正：「貴以身爲天下」——

　　注云：「無物可以易其身。」下注云：「不以寵辱榮患損易其身。」蓋

取老子「治人事天莫若嗇」（五十九章）之「嗇」，以釋「貴」「愛」，謂須重養身神，不假馳求，不輕身爲天下也。此固一說，與此章「無身」之旨恐未合。老子「嗇」「儉」（六十七章）蓋謂「無爲」之原則，此乃承上「無身」，言其存心無私也，此「爲」字「去」聲，苟音「平聲」，則易致「貴身」之誤。

司馬光《道德眞經論》云：「夫重天下者，天下亦貴重之；愛利天下者，天下亦愛利之。未有輕賤殘賊天下，而天下貴愛之者也；故聖人之貴愛天下，所以貴愛其身也。如此，則付以大器，必能守之。」即七章「後其身而身先，外其身而身存。」之意。爲天下者，其存心無私也；己身亦受貴愛者，自然而然也。

愛以身為天下，若可寄天下。

校：「寄天下」——

「寄」字聚珍本作「託」，當改，見上句「校」。

注：無物可以損其身，故曰愛也，如此乃可以寄天下也。不以寵辱榮患損易其身，然後乃可以天下付之也。

正：「愛以身為天下」——

王注有「愛身」之意，其失旨如上句「正」。

既無身無私，則無欲無念，唯公是務，則己亦將增益無損，此自然以致，非以「愛身」爲的也。

十四章

視之不見名曰幾，聽之不聞名曰希，搏之不得名曰微，此三者不可致詰，故混而為一。

訂：「幾」——

眾本具作「夷」，陳景元《道德眞經藏室纂微篇》云：「『夷』，古本作『幾』，『幾』者，幽無象也，易曰：『幾者，動之微。』」范應元《老子道德經古本集註》云：「『幾』字，孫登、王弼同古本。傅奕云：『幾者，幽而无象也。』」

老子四十一章云：「夷道若纇。」五十三章云：「大道甚夷而民好徑。」

則「夷」乃謂「道」之「明」者可知。此章云「道」之「隱昧」，苟作「夷」，便不類矣。王注本作「幾」否未可考，《老子》本當作「幾」也。

注：無狀無象，無聲無響，故能無所不通，無所不往。不可得而知，更以我耳目體，不知何以為名，故曰不可致詰，混而為一也。

校：「不可得而知」——

本無「可」字，桃井白鹿《老子評注》云：「『得』上疑脫『可』字。」波多野太郎《老子王注校正》云：「王弼此語法有二。此章下注『不可得而定也』，五章注『不可得而窮』……二十五章注『不可得而知』『不可得而定』……其一也。」此處當有「可」字，與下注「不可得而定」，正與二十五章注同。

「不知何以為名」——

本無「何以」二字，意不可解。二十五章注云：「名以定形，混成無形，不可得而定，故曰不知其名也。」此章注云「不可得而知」，蓋謂無形無聲也；然則此云「不知何以為名」，正相通矣！字雖未必然，意必不差，今補之。

「故曰」——

本無「曰」字，嚴靈峯先生《陶鴻慶老子王注勘誤補正》云：「『故』下當有『曰』字。」王注例如此，今據補。

補：「幾」——

范應元《老子道德經古本集註》引傅奕云：「幽而无象也。」《說文》云：「微也。」並通。

此「幽」「微」，與下文「希」「微」，皆七十八章「若反」「正言」，即「大音希聲，大象無形。」（四十一章）之「希」「無」，詳見七十八章「補」。

「希」「微」——

注云：「無狀無象，無聲無響。」蓋以「希」「微」皆「無」也。「微」，《小爾雅·廣詁》云：「無也。」高亨《老子正詁》乙云：「無質之名。」與「若反」「正言」同例。

「搏」——

河上公云：「不可搏持而得之。」馬敘倫《老子覈詁》云：「摩也。」並通。

「搏」《帛書老子》作「捪」。《說文》：「捪，撫也。」段注：「武巾切。」《說文》；「搏，索持也。」段注：「補各切」古皆脣音，豈本作「捪」，後以「搏」爲借歟？

「**此三者不可致詰**」——

河上公云：「不可致詰者，夫無色無聲無形，口不能言，書不能傳，當受之以靜，求之以神，不可詰問而得之也。」

「三者不可致詰」者，言「道非視聽智力之所能及。」（董思靖《太上老子道德經集解》）。

「**混而為一**」——

「混」即二十五章之「混成」，爲「不可道」「不可名」（下文）之意。

「一」謂道混成一體，不可偏據端曲，分別以言之也。

正：「名曰」——

王注仍以「名號」視之，故云「不知何以爲名」「不可得而定」，非是。

「名」猶一章「無，名天地之始；有，名萬物之母。」之「名」，「稱謂」也；「名曰」，猶今「稱爲」。

其上不皦，其下不昧，繩繩不可名，復歸於無物，是謂無狀之狀，無象之象。

校：「無象之象」——

上「象」字聚珍本作「物」，孫鑛評本作「象」，蘇轍《老子解》亦作「象」，云：「一作『物』。」林希逸《老子口義》同蘇本，董思靖《太上老子道德經集解》作「象」，云：「北本」，且下多「無物之象」一句。

高亨《老子正詁》乙云：「作『無象之象』較勝。無狀之狀，無象之象，句法一律，其證一也。上句既云『無物』，此不宜又云『無物』，以致複沓，其證二也。」四十一章云：「大象無形。」「形」「象」互文，猶此「狀」「象」互文，作「物」者，蓋涉上而誤。

東條弘《老子王注標注》以爲今本注云：「無物之象。」遂謂當作「物」，余謂不然。上句注云：「無狀無象」，蓋王注本皆作「象」，「物」則後人所改耳。

注：欲言無耶，而物由之成；欲言有耶，而不見其形，故曰無狀之狀，
　　無象之象也。

校：「由之成」──

　　注本作「由以成」，文不可通。四十一章注云：「物以之成而不見其形。」
　　與此類，「以」字或「之」字之誤；「由之成」猶「以之成」也。

　　「無象之象」──

　　上「象」字本作「物」，上句注云：「無狀無象。」則王注本云「無象
　　之象」可知。

補：「其上不皦，其下不昧。」──

　　四十一章「明道若昧」，注云：「光而不耀。」蓋云「昧」為「闇冥」（河
　　上公）之意，然則「皦」謂「光明」（河上公）亦可知矣！「其上不皦」，
　　即一章道「無」之「妙」，「其下不昧」，即一章道「有」之「皦」，詳
　　一章「皦」字「訂」「正」。

　　「繩繩不可名，復歸於無物。」──

　　「繩繩」，馬敘倫《老子覈詁》以為借作「棚」，通「混」，為「混沌」「未
　　分析」之意。高亨《老子正詁》乙云：「疑本作『𪃡𪃡』。」又云：「猶
　　『冥冥』矣。」

　　云其為「不昧」「不皦」，若言「無」「有」，皆「強為之名」（二十五章）
　　耳，究此道體，實「混沌幽冥」，不可形容，故云「不可名」，「復歸於
　　無物」。「復」猶「返」處其母也（十六章「各復歸其根」注），「無物」
　　猶「道隱無名」（四十一章）也。

正：「名」──

　　「名」者，描述形容也，詳一章「正」。

是謂惚恍。

注：不可得而定也。

補：二十一章注云：「恍惚，無形不繫之歎。」「定」「繫」同義。「惚恍」
　　謂若有似無，混然不可析言也，即下文「不見」之旨。

迎之不見其首，隨之不見其後。執古之道，以御今之有，

校：原注有「有，有其事也。」蓋衍，觀下句注，將「執古之道……道記。」

四句視爲一體，苟王弼注「有」，不當別置於四句之前，或於四句中間插入。況下句注文以「物」注「有」也。

能知古始，是謂道紀。

注：無形無名者，萬物之宗也；雖今古不同，時移俗易，物莫不由乎此以成其治也，故可執古之道以御今之有。上古雖遠，其道存焉，故雖在今，可以知古始也。

校：「物莫不由乎此以成其治者也。」——

「物」字本作「故」，不可解。前文「無狀之狀，無象之象。」注云：「欲言無耶，而物由之成。」與此相承，今據改。

補：「執古之道」——

四十七章注云：「道有大常，理有大致，執古之道，可以御今，雖處於今，可以知古始。」則王注以「道」爲「理」可知。

謂之「古道」者，非云古存今失，蓋云古即有之也。所謂「自古及今，其名不去。」（二十一章）者是。

「以御今之有」——

注云：「物莫不由乎此以成其治者也。」知輔嗣以「御」爲「治」，以「有」爲「物」。「以御今之有」，謂以道治萬物也。

「能知古始」——

「能」字王注作「能」，《帛書老子》、河上公本具作「以」，蘇轍《老子解》作「能」，云：「一作『以』。」

蔣錫昌《老子校詁》云：「古『能』『而』通用，『以』『而』亦通用，故諸本或假『以』爲『能』也。」「以」「能」固可通也，故上文之「以」，亦可解作「能」。「能知古始」者，猶二十一章「以閱眾甫」，范應元《老子道德經古本集註》云：「知自古生物之始。」

「是謂道紀」——

「道紀」，眾說多承河上公注，以爲道之「綱紀」，非是。

奚侗《老子集解》云：「《禮記・樂記》『中和之記』，鄭注：『紀，總要之名也。』」

「道紀」也者，蓋謂道之總要；言道能「執古道」以「御今有」「知古始」，此則「道」之所以爲「道」也。

「能知古始」當連上句讀，與「御今之有」，並爲「道」之「總要」。

十五章

古之善爲道者，微妙玄通，深不可識；夫唯不可識，故強爲之容，
豫兮若冬涉川，

校：「豫兮若冬涉川」——

「兮」字聚珍本作「焉」，道藏本，古逸叢書、集唐字本作「兮」，馬
敘倫《老子覈詁》據弼注，以爲王本作「豫然」，不然，王注但取義耳，
否則下句是否亦依注文改爲「猶然」？

「焉」「兮」可通，今依文例，姑從藏本，作「兮」。

訂：「善爲道者」——

「道」字弼本作「士」，《隸本帛書老子》、傅奕《道德經古本篇》並作
「道」。

觀下文，乃謂「同道」者之居處，此若作「善爲士」，則「善爲士者」
必與「道」同體，唯四十一章云：「上士聞道，勤而行之；中士聞道，
若存若亡；下士聞道，大笑之。」而「善爲士者」莫過「上士」，乃「勤
而行之」於所「聞」，其未「同於道」明矣，文作「善爲士」不當。

「善爲道」者，與六十五章同，謂善於體行此道也。

注：冬之涉川，豫然若欲度，若不欲度，其情不可得見之貌。

補：「微妙玄通」——

「妙」者，隱昧也，與「微」義類而各有司主。「玄」者，神不可知；
「通」者，泛無不可。「微妙」重其體，「玄通」主其用。

本章「微」「妙」……「混」諸語，皆七十八章之「若反」「正言」。

「強爲之容」——

司馬光《道德眞經論》云：「但言其外貌可見者。」下文皆即可見者而
「強」爲之「形容」也。

「豫兮若冬涉川」——

注云：「其情不可得見之貌。」蓋以「形」之「豫」，云「情」之「不可
得見」，戶崎淡園《老子正訓附義問》曰：「王註『其情不可得見之貌』、

『不知所趨向者也』，乃爲虛無之義，牽強，『冬涉川』豈有見情之義哉？」不知「形」之「豫」，正「情」「虛無」之故。「豫兮若冬涉川」即六十七章「不敢爲天下先」，《文子・上仁篇》云：「不敢行也。」同此。

猶兮若畏四鄰，

注：四鄰合攻，中央之主，猶然不知所趨向也。上德之人，其端兆不可覩，意趣不可見，亦猶此也。

校：「不知所趨向也」——

「向」下聚珍本有「者」字，張太守命撰《道德眞經集註》引王注無。觀文意，當無「者」字，今據刪。

「意趣不可見」——

「意」字本作「德」，陶鴻慶《讀老札記》云：「『德趣』當爲『意趣』，十七章注云：『自然（按「自」當作「悠」），其端兆不可得而見也，其意趣不可得而覩也。』與此同。」「德」蓋涉上而誤。

正：「畏四鄰」——

注云：「四鄰合攻，中央之主，猶然不知所趨向也。」「畏四鄰」非受「迫壓」，乃不與同耳。

「豫兮若畏四鄰」，即八十章「不相往來」之意。李約《道德眞經新註》云：「懼迹生，切自韜晦，如逃難者，恐四鄰知之。」

儼兮其若客，渙兮若冰之將釋，敦兮其若樸，曠兮其若谷，混兮其若濁。

校：「客」——

聚珍本皆作「容」，岡田贇校本，宇惠考訂本並作「客」，考「儼」意，當作「客」，今從岡田贇本，「容」蓋形近之誤。

注：凡此諸若，皆言其容象不可得而名也。

校：「名」上本有「形」字，義不可通，蓋衍。「不可得而名」亦見一章注。

補：「儼兮其若客」——

「儼」，端謹也。（嚴靈峰先生《老子章句新編纂解》）董思靖《太上老子道德經集解》云：「所謂『客』者，亦曰不敢爲主，而無與於事，故其容儼然矣。」即老子六十九章「不敢爲主而爲客」之意。

「渙兮若冰之將釋」——

河上公云：「渙者，解散；釋者，消亡。」「將釋」者，將散盡而猶存也。「渙兮」言得道者之癱散若不能自立也。

「敦兮其若樸」——

「樸」河上公作「朴」，云：「敦者，質厚；朴者，形未分，內守精神，外無文采也。」即四章「挫其銳」，「和其光」之意。

「曠兮其若谷」——

「曠」，空谿也（吳澄《道德眞經註》），空蕩無有也。「谷」，與「谷神不死」（六章）之「谷」同，此取其「空虛」也。《文子・上仁篇》云：「不敢盈盛也。」意同。

「混兮其若濁」——

李約《道德眞經新註》云：「不獨清也。」蘇轍《老子解》云：「和其光，同其塵，不與物異也。」

孰能濁以靜之而徐清？孰能安以動之而徐生？

校：「晦以理之徐明」——

易順鼎《讀老札記》云：「注云：『夫晦以理物，則得明，濁以靜物，則得清，安以動物，則得生。』據此，則經文當有『孰能晦以理之徐明』一句，在兩句之上。」

蔣錫昌《老子校詁》曰：「王注『晦以理物則得明』一句，恐是預爲下文『濁以靜物』二句作解，未必老經有此一句。……易說可爲參考，不能作爲定論。」

二說並有理，幸其有無於意不損，姑存而不增。

「而徐清」「而徐生」——

兩「而」字聚珍本無，范應元《老子道德經古本集註》具有，且云：「王弼同古本。」觀注義，有「而」字爲長。

「安以動之」——

聚珍本「動」上有「久」字，大典本無，古屋昔陽以爲據注當無（波多野太郎《老子王注校正》引）。

注：夫晦以理物則得明，濁以靜物則得清，安以動物則得生，此自然

之道也。孰能者，言其難也。徐者，詳慎也。

補：「濁以靜之」「安以動之」——

兩「以」字爲表憑藉之介詞，猶「用」也；「濁以靜之」即「以濁靜之」，「安以動之」即「以安動之」。蓋「無爲而爲」，雖「靜之」「動之」，而不失「濁」「安」之本也。

「而徐清」「而徐生」——

兩「而」字作連詞，謂「使之徐清」「使之徐生」也，與二十四章「跨者不行」同意，皆言造功宜積漸，故注云：「詳慎也。」要在順勢自然耳。

「孰能」——

注云：「言其難也。」蓋謂「徐清」「徐生」之自然，須「善爲道者」之「不欲盈」，乃可致之也，深知此二句有承上啓下之妙。

保此道者不欲盈，

注：盈必溢也。

夫唯不盈，故能蔽而新成。

訂：「蔽而新成」——

「而」字，弼本作「不」，易順鼎《讀老札記》云：「疑當作『蔽而新成』，『蔽』者『敝』之借字，『不』者『而』之誤字也。『敝』與『新』對，『能敝而新成』者，即二十二章所云『敝則新』……《淮南・道應訓》作『故能蔽而不新成』，可證古本原有『而』字，『不』字殆後人肒加。《文子・十守篇》作『是以蔽不新成』，亦後人所改。」

易說蓋謂本作『蔽而新成』，《淮南子・道應篇》涉形近而衍「不」字，後人復據而刪「而」字，遂成「敝不新成」矣！

《老子》以「夫唯」爲引之因果句，或爲同一性，若六十七章「夫唯大，故似不肖。」，或爲差別性，若二十二章「夫唯不爭，故天下莫能與之爭。」。然「夫唯」下以「德」起者，若二章「夫唯弗居，是以不去。」八章「夫唯不爭，故無尤。」七十一章「夫唯病病，是以不病。」七十二章「夫唯不厭，是以不厭。」皆屬差別性句式，以「功效」爲結。今云「夫唯不盈」，乃以「德」接始者，苟下作「蔽不新成」，遂

為同一性，不能致其「功效」，與他文不例，義亦狹隘。

正：「蔽而新成」——

「蔽」同「敝」，故舊殘缺也，林希逸《老子口義》云：「故也。」觀前「訂」易順鼎言，其意益明。

「蔽而新成」，謂似若故舊殘缺，實則新明完備也。「不盈」「蔽」皆「若反」「正言」（七十八章）。

十六章

致虛極，守靜篤，

注：言致虛，物之極篤；守靜，物之真正也。

補：此注說者多疑其有誤，以為王注不應合「極篤」置「虛」下，另出「真正」置「靜」下。

「極篤」「真正」實為一旨，輔嗣不過相對成文耳；即其「復歸」（下文）言之，「致虛」乃物之「極篤」，即其「致虛」「守靜」言之，謂之「真正」。蓋「復歸」之「極篤」，則「致虛」「守靜」，得物之「真正」矣，故下文曰「復命」、曰「常」，注云：「復命則得性命之常。」「性命之常」即此「真正」也。

正：王注意雖佳，乃非此二句之旨；此處之「主詞」不在「物」也。

此二句，蓋下文「吾以觀其復」之持守，猶一章「觀妙」以「無」，「觀徼」以「有」，欲「觀復」者，先須「虛」「靜」也，故注云：「以虛靜觀其反復。」

「致」，極也（十章「專氣致柔」弼注），推極之意，與「守」類。「極」「篤」者，所以修飾「致虛」「守靜」也。「致虛極」、「守靜篤」，猶言「極致虛」、「篤守靜」，謂極致其虛，篤守其靜，不須臾離也。

萬物並作，

注：動作生長。

吾以觀其復。

校：「觀其復」——

聚珍本無「其」字，孫鑛評王注則有之，馬敘倫《老子覈詁》有「其」

字，並云：「弼注曰：『以虛靜觀其反復。』則王本亦同此，蓋傳寫脫『其』字。」今聚孫本補。

注：以虛靜觀其反復。凡有起於虛，動起於靜，故萬物雖並動作，卒復歸於虛靜，是物之極篤也。

補：四十章注云：「高以下爲基，貴以賤爲本，有以無爲用，此其反也。」

二十八章注云：「下章云：反者道之動也；功不可取，常處其母也。」與此同誼。「復」者，蓋「爲道日損」（四十八章）之意，故弼注其句云：「務欲反虛無也。」即下文注「返其所始」之謂。

三十七章云：「化而欲作，吾將鎮之以無名之樸。」所謂「化」「作」「鎮之」者，與此意涵相同。（參見三十七章「補」）

此「損」「復」之功，乃下文所謂得「道」保「久」者，爲物之「應然」、「能然」；而說者多謂爲「反覆循環」之「道規」，係物之所「必然」依循者，以塵俗之變幻「無常」，爲道之「常」（下文）。

苟以「復」「歸」爲「道」之規律，則循其「規律」而動者，自已同於「道」，豈待「返」歸乃得「復命」哉？此不通之一也。物固同具「道」之所「命」（三十七章之「化」），而離守各異（三十七章之「作」），今謂物必因「規律」而返其初始，是以物皆必然體「道」，豈其然耶？此不通之二也。此「規律」既「循環反覆」，則既歸於靜，復將動而出，復將歸於靜……如此動靜不已，與「道」離合無常，此與「道」之「常」乖逆至甚，何得爲「規律」乎？此不通之三也。《老子》「弱」（四十章）用之書也，苟以高低上下更迭、禍福無常爲「道」之「規律」，則守「強」守「弱」，唯遭逢吉凶之時不同，其不定無久則一，何「弱」之須，亦「強」以速用可也！此不通之四也。

「物極必反」實世俗不「道」之「無常」，欲去此弊而致無窮不已之功，唯「知其子」「守其母」（五十二章）。王注實得《老子》妙趣，若拘於「形迹」之反覆，則容易曲解《老子》或王弼注。

夫物芸芸，各復歸其根，

注：各返其所始也。

補：「始」者，謂「道」也；「返其所始」，即「損之又損，以至於無爲。」（四十八章）

歸根曰靜，靜曰復命，復命曰常。

　　訂：「靜曰復命」——

　　　　王本作「是謂復命」，諸本多作「靜曰復命」（靜或作「靖」），奚侗《老
　　　　子集解》云：「『靜曰』各本作『是謂』，與上下文例不合。」蔣錫昌《老
　　　　子校詁》云：「二十五章『強爲之名曰大，大曰逝，逝曰遠，遠曰反。』
　　　　與此文『歸根曰靜，靜曰復命，復命曰常，知常曰明。』（案末句不當
　　　　列入，乃下文之首。）之詞例一律；亦可證『是謂』係『靜曰』之誤
　　　　也。」觀二異文，義並同，今作「靜曰」，齊其文例。

　　注：歸根則靜，故曰靜；靜則復命，故曰復命也；復命則得性命之常，
　　　　故曰常也。

　　補：「曰」——

　　　　審王注，蓋以「曰」爲「則」，唯「則」所連接者，乃同一並立，非先
　　　　後互生。蓋歸根則「靜」，則「復命」，則「常」矣，不待先「靜」後
　　　　「復命」，先「復命」後「常」也。「根」「歸」則諸德並至矣，老子不
　　　　過層層申言而已。

　　　　「復命」——

　　　　注云：「得性命之常。」蓋物各秉「道」而「化」（三十七章），其始「有」
　　　　（四十章），本與「道」同，其後妄「作」「離」（十章）「道」，遂致失
　　　　眞，今既「歸根」而「靜」，則「道」「命」可「復」守矣，此其「復
　　　　命」。

　　正：「常」——

　　　　下文注云：「常之爲物……」知王弼以「常」爲「名詞」，謂「性命之
　　　　常」。

　　　　「常」猶「知和曰常」之「常」（五十五章），乃「形容詞」；「復命曰
　　　　常」，謂復守道命，乃爲正常居處，以其「得性命之常」也。

知常曰明，不知常，妄作凶。

　　注：常之爲物，不偏不彰，無皦昧之狀，溫涼之象，故曰知常曰明也。
　　　　唯此復乃能包通萬物，無所不容，失此以往，則邪入乎知；邪入
　　　　乎知，則物離其分，故曰不知常，妄作凶也。

校：「邪入乎知」——

原注作「失此以往，則邪入乎分，則物離其分。」波多野太郎《老子王注校正》云：「『乎分』下，當重『邪入乎分』四字，亦重言誤脫。」陶鴻慶《讀老札記》云：「《釋文》注『則物離乎其分』五字，云『扶問反』，而不爲上句『分』字作音，則上句『分』爲誤字無疑。以義求之，疑當作『知』。其文云：『失此以往，邪入乎知（案上「則」字陶氏以爲衍。），則物離乎（案當作「其」。）分。』」

陶鴻慶改「分」爲「知」，波多野太郎重四字，說皆可從，今據而改補注文爲「失此以往，則邪入乎知；邪入乎知，則物離其分。」詳下「補」。

「不知常妄作凶」——

原注於「常」下有「則」字，蓋涉上文而衍。（波多野太郎校正）

補：「不知常，妄作凶。」——

王注蓋謂唯有復得性命之常，虛靜無爲，乃能包容萬物，即下文「知常容」之意。若失此復命，則偏邪必將妨其所以爲「知」，使造施有爲，離失物之本眞，終致不能通容萬物，則「凶」矣！

五章注云：「仁者必造立施化，有恩有爲。造立施化，則物失其眞；有恩有爲，則物不具存，物不具存，則不足以備載矣！」「邪入乎知」則不能「知常」「虛」「靜」，「造立施化」，物乃離「分」，意甚佳，唯用以釋此句則未宜，見下「正」。

正：「知常曰明」——

王注之意，蓋以知「無形不可得而見」（五十五章注）之「常」爲「明」；其所以「明」者，在於能「知」難識之「常」。

觀上文「復命曰常」及下文「不知常，妄作凶。」「知常容」，知「常」非「名詞」，乃形容「復命」之情實者；「知常」者，謂知「復命」乃爲「正常」居處也，詳前「復命曰常」「正」。

「不知常，妄作凶。」——

注以下文「知常容」說上句「知常曰明」，遂以爲主詞在「吾」，是否爲「凶」，則在「包通萬物」之能與不能。

此句蓋云萬物須知其「常」，以致其「明」，不然，必離（十章）「樸」（三十七章）「妄作」，則「凶」矣！不當涉乎「能不能容」以定吉凶。

河上公云：「妄作巧詐，則失神明，故凶也。」

知常容，

訂：唐廣明元年江蘇鎮江焦山《道德經幢》「常」下有「曰」字，波多野太郎《老子王注校正》云：「『常』當有連詞，然諸本無焉。」

竊疑當作「知常乃容」，與下文同一連，其作用猶上文「曰」字，爲連接諸平等觀念者。焦山幢作「曰」，涉上而誤，諸本則因下文三字式，遂奪「乃」字。唯此字雖缺，意仍可通，今存其舊，並姑備此說。

注：無所不包通也。

正：「容」——

王注以「容」爲「包通萬物，無所不容。」觀上下文，所言皆在「虛」「靜」「不殆」之自處而已，此句不宜涉外物爲訓。

高亨《老子正詁》乙云：「容，通也，聖也。」又云：「前文曰：『知常曰明。』『明』『容』義相近，特『容』又較『明』爲勝耳。」

「容」即通也，與十五章「微妙玄通」之「通」同意，泛無不可之謂。

容乃公，

注：無所不包通，則乃至於蕩然公平也。

正：「乃」——

注云「乃至於」，謂「容」「公」有先後差別，失之矣！既「知常」則能「容」、能「公」、能「久」、能「不殆」，豈待「容」而後「公」，「天」而後「道」哉？此「乃」猶上文之「曰」，並作「則」，所連接者爲平等觀念，不可強定先後，不然，「天」固「久」矣，何待「道」而後「久」？下「乃」並同此。

公乃王，

校：「王」——

注云「無所不周徧」，顯非「王」旨。馬敘倫《老子覈詁》云：「弼注曰：『蕩然公平，則乃至於無所不周普也；無所不周普，則乃至於同乎天也。』蓋王本『王』字作『周』。」

勞健《老子古本考》云：「此二句『王』字，蓋即『全』字之譌。『公乃全，全乃天』，『全』，『天』二字爲韻，王弼注云『周普』是也。」

二十五章「周行而不殆」，弼注云：「周行無所不至，而免危殆。」二十二章「曲則全」，弼注云：「不自見，則其明全也。」觀此，則知王本當作「周」，不作「全」也。

訂：「王」——

諸本並作「王」，唯王注獨嫌怪異，故馬敘倫疑王本作「周」。二十五章云：「故道大，天大，地大，王亦大。」此作「王」，與下「天」「道」同例，不必如勞健，欲以韻叶改字也。

注：蕩然公平，則乃至於無所不周普也。

正：「公乃王」者，謂蕩然公平則與王同德也。蓋「知常」則體「道」而「公」，「王」則與「道」同德（二十五章，見前「訂」），故「公」乃「王」也，二者亦平等而已，不分先後。

王乃天，

注：無所不周普，則乃至於同乎天也。

正：「王」與「天」，無先後之序，見上文「容乃公」「正」

天乃道，

注：與天合德，則乃至於極虛無，體道大通也。

校：「體道大通」本在「則乃」句上，觀上下注例，此四字當在「至於」下。下句注云：「極虛無，得道之常。」更知「體道大通」應在「極虛無」下，與「得道之常」對。

道乃久，

注：極虛無，得道之常，則乃至於不可窮極也。

校：「極虛無」——

「極」上本有「窮」字，波多野太郎《老子王注校正》云：「上注『無所不包通也』，『無所不包通，則乃至於……』，皆環說上句，而此注亦環說，上作『極無』（案當作『極虛無』），則下『窮』字衍明矣。」今據刪。

「不可窮極」——

此句張之象本作「不有極」，《永樂大典》作「不窮極」（據紀昀案），張太守命撰《道德真經集註》作「窮極」，三十五章「用之不足既」，

注云：「若無所中，然乃用之不可窮極也。」與此注意同，蓋「既」「久」一也。

此應作「不可窮極」，集註本奪「不可」二字，大典本脫「可」字，張本則「窮」字誤移「極虛無」上，且誤「可」爲「有」矣！四十章「弱者道之用」，注云：「柔弱同通，不可窮極。」並可爲證。

沒身不殆。

注：無之爲物，水火不能害，金石不能殘。用之於心，則虎兕無所投其爪角，兵戈無所容其鋒刃，何危殆之有乎？

校：「爪角」——

聚珍本作「齒角」，張太守命撰集註本，大典本俱作「爪角」，易順鼎《讀老札記》補遺云：「作『爪』是也，五十章云：『兕無所投其角，虎無所措其爪。』可證。」五十章注云：「虎兕無所措其爪角。」與此同，蓋輔嗣秉經文爲注也。

補：四十四章云：「知止不殆，可以長久。」即此章「道乃久，沒身不殆。」之意。蓋「不殆」則「全」（二十二章），「全」則恒久不盡也。

十七章

太上下知有之，

注：太上，謂大人也；大人在上，故曰太上。大人在上，居無爲之事，行不言之教，萬物作焉而不爲始，故下知有之而已。

校：「言從上也」——

聚珍本注末有「言從上也」四字，並云：「『言從上也』四字，原本誤移於『信不足焉』節注內，《永樂大典》在『有之而已』下，今校改。」輔嗣既云「知有之而已」，則其所行不顯，自然無迹可知，何「從」之有？二十三章「信不足焉，有不信焉。」注云：「忠信不足於下焉，有不信焉。」與「言從上也」意同，不必從下文注移此。

補：「下知有之」——

《淮南子・主術篇》云：「明主之治，國有誅者而主無怒焉，朝有賞者而君無與焉。誅者不怨君，罪之所當也；賞者不德上，功之所致也。

民知誅賞之來，皆在於身也，故務功脩業，不受贛於君，是故朝廷蕪
而無迹，田野辟而無草，故太上下知有之。」

「誅」「賞」雖非老子之旨，「蕪而無迹」則合「下知有之而已」之意，
謂君德不知也；唯一任「道」，一任「術」，此有別耳。

正：「太上」——

注云「大人」，以其「在上」，故曰「太上」，然則「大人」皆無爲，「親」
「譽」「畏」「侮」之君即非「在上」歟？

吳澄《道德眞經註》云：「太上，猶言最上。」「太上」「其次」，互爲
比較之詞。

其次親之譽之，

訂：「親之譽之」——

王本作「親而譽之」，紀昀云：「『而』，河上公注本及各本俱作『之』。」
馬敘倫《老子覈詁》云：「宋河上本作『親之譽之』，然驗注曰：『其德
可見，恩惠可稱，故親愛而譽之，則河上與王同。』知河上本亦作「親
而譽之」。

今考眾本，唯王本、河上本作「親而譽之」，唐景龍二年河北易縣龍興
觀《道德經碑》作「親之豫之」，《帛本老子》作「親之譽之」，其他皆
作「親之之」，字雖異而義則同。

十八章云：「大道廢，有仁義。」此「親」「譽」即「仁義」之治。既
以「仁義」爲治，則民受其惠恩，必親而近之，譽而揚之，二者實連
踵而至，不可分者，謂之「親之譽之」、「親而譽之」，並皆此誼。下文
「畏之侮之」，與此同例，今爲齊文式，姑從眾本，改作「親之譽之」。

注：不能以無為居事，不言行教，立善施慧，使下得親而譽之也。

校：「不言行教」——

「行」字諸本作「爲」，考此章注，凡二用「居無爲之事，行不言之教。」
皆以「居」「事」、「行」「教」連用，此既言「居事」，若言「爲教」，
未符文例，蓋涉上「無爲」而誤，今改作「行」。

「施慧」——

各本作「行施」，張太守命撰集註作「施化」，皆與「立善」不對。作
「施化」者，訛「慧」爲「化」；作「行施」者，疑因上句「行」字涉

上誤作「爲」，此句遂因上誤衍「行」字，奪「慧」字。

五章注云：「仁者必造立施化，有恩有爲。」二十七章注云：「不設不失。」「不造不施。」二十九章注云：「因而不爲，順而不施。」則「造」「立」「施」「化」，皆爲「動詞」，可獨用明甚！此注若作「立善施化」，則上二字成例，下二字便否；若作「立善行施」，則「施」遂爲「名詞」，不見有此例於注。十八章「大道廢，有仁義。」注云：「失無爲之事，更以施慧立善進物也。」與此正同，然則注本作「立善施慧」，亦昭然可知。

　補：「其次」——

蘇轍《老子解》云：「以仁義治天下，其德可懷，其功可見，故民親譽之；其名雖美，而厚薄自是始矣！」所以爲「其次」者，以此。

　　「親之譽之」——

吳澄《道德眞經註》云：「仁義之君，民親之如父母；及仁義益著，則不但親之，而又譽之矣！」分「親」「譽」爲二層。

勞健《老子古本考》云：「親之而中心悅，故稱美也，親譽爲一事。」。蓋「親」之則必「譽」之，「譽」之則必「親」之，若二實一也。

其次畏之，

　注：不能以恩仁令物，而賴權威也。

　校：「不能」——

聚珍本作「不復能」，其他王本並作「不能復」，波多野太郎《老子王注校正》云：「疑『復』字衍。據上注『不能以無爲居事，不言爲（案當作「行」）教。』下注『不能法以正（案當作「以法正」）齊民。』是亦當作『不能以恩仁令物。』」，今據刪。

　正：王注下句作「其次侮之」，遂分別釋「畏」「侮」，非，見下句「訂」。

侮之，

　訂：王本作「其次侮之」，「其次」二字諸本多無。蔣錫昌《老子校詁》云：「王本重『其次』二字，諸本不重，非是。」又云：「此謂其次之世，爲君者見仁義不足以爲治，則以刑罰爲威，故下畏之也。其次之世，爲君者見刑罰不足以爲威，則以巧詐爲事，故下侮之也。」

上云「親之譽之」，蓋「仁義」之治，則「畏之」必「刑法」之治。五

十七章云：「法令滋彰，盜賊多有。」民之於「法」，豈僅「畏」而不至於「侮」，必待任「巧詐」而後「侮之」哉？

勞健《老子古本考》云：「畏之而莫敢違，非心所悅，或詛罵之，畏侮為一事。」。蓋民畏而從之，必陰侮之也。王本作「其次侮之」者，猶傅奕《道德經古本篇》作「其次譽之」，皆強為分先後。

注：不能以法正齊民，而以智治國，下知避之，其令不從，故曰侮之也。

校：「以法正齊民」——

本作「法以正齊民」，不可解。上注云：「不能以恩仁令物。」乃承上注「立善施慧」而言，則此「不能」者，亦應承上注「威權」，謂法刑可知。五十七章注云：「以正治國，立辟以攻末。」「辟」猶「法」也。是知此注本作「以法正齊民」，「法」者所以輔「正」，猶上注以「恩」輔「仁」然。

「畏之侮之」——

范應元《老子道德經古本集註》云：「又其次之君，道之以政，以刑，民免而无恥，雖畏之，而亦侮之也。」適與上句「親之譽之」對文，雖有遵從，亦畏而不得已耳，孰不致怨？怨生則侮起矣！

信不足焉，有不信焉。

注：言從上也。夫御體失性，則疾病生；輔物失真，則疵釁作；信不足焉，則有不信，此自然之道也。已處不足，非智之所齊也。

校：「言從上也」——

聚珍本據《永樂大典》，移置「太上下知有之」節注末，非，見上文「校」。

「非智之所齊」——

聚珍本「濟」作「齊」，各本則作「濟」。波多野太郎《老子王注校正》云：「『濟』『齊』相通…五十四章注：『不貪於多，齊其所能，故不脫也。』」又云：「『濟』，成也。《荀子・王霸篇》：『故曰：「以國齊義，一日而白。」』注：『「齊」當為「濟」。』……五章注：『不濟不言不理（案當作「其慧不濟，其言不理。」），必窮數也（案「數」上奪「之」字）。』（集注本『濟』作『齊』）十章注：『不禁其性，則物自濟。』……三十八章注：『功雖大焉，必有不濟。』又『禮敬之清，非用禮之所濟也。』是其證。」

以「濟」爲「成」，與「齊」通用。

補：「焉」——

兩「焉」字具語詞，故唐景龍二年河北易縣龍興觀《道德經碑》作「信不足，有不信。」兩「焉」字並無。

正：王注以此句爲言「侮之」者，謂上若處「法正」而不能「足信」，則下必「不信之」，雖逞「智」施巧，亦已不足以「成」治矣！

二十三章亦有此句，王注仍以「上行下從」之義注之，乃與上文毫不相關，恐非老子之旨。

「信不足焉」——

蘇轍《老子解》云：「吾誠自信，則以道御天下足矣。唯不自信，而加之以仁義，重之以政刑，而民始不信矣。」「自信」者何？任道不疑也，故二十三章蘇解云：「夫惟知道，然後不以得失疑道。」若「信道不篤，遂疑而不以道御天下，行仁義，施政刑。」乃「信不足」矣。

「有不信焉」——

二十三章云：「同於道，道亦樂得之……同於失者。失亦樂得之。」「失亦樂得之」即「有不信」也。

悠兮其貴言，功成事遂，百姓皆謂我自然。

校：「悠」——

諸本多作「猶」，張太守命撰《道德眞經集註》引王注亦作「猶」，波多野太郎《老子王注校正》云：「集注經文作『猶』，據改注作『猶』也。」然則王本固作「悠」也，故《釋文》云：「一本『猶』用也。」
（勞健《老子古本考》引云：「一本作『猶』。」）

波多野太郎引古屋昔陽云：「『猶』據王注當作『悠』。諸本作『悠』，然當爲『猶兮若畏四鄰』之猶；蓋言者不信，故猶兮不敢言，貴重也。」。唐景龍二年易州縣龍興觀《道德經碑》作「由」，勞健以爲三字古通。今姑仍王本之舊。

注：悠然其端兆不可得而見，意趣不可得而覩也。居無爲之事，行不言之教，不以形立物，故功成事遂，而百姓不知其所以然也。

校：「悠然」——

注本作「自然」，姚井白鹿《老子評注》云：「註『自然』當作『悠然』，

十五章「猶兮」註可證。」（按：十五章「猶兮若畏四鄰」，注云：「猶然不知所趨向也。」）二十章「我愚人心也哉」，注云：「猶然其情不可覩」並其證。作「自然」者，蓋涉經文末二字而誤。

「意趣不可得而覩」——

注「意趣」上本有「也其」二字，非輔嗣文例。十五章注云：「其端兆不可覩，德趣不可見。」與此同，亦不重「其」字；「也」字，乃句末結束之詞，非王弼例甚明，今併刪。

補：「悠」——

猶「猶」也，古屋昔陽說可從（見上「悠」「校」），十五章注、二十章注具可相互印證。（見上「悠」「校」）。

「貴言」——

以言為貴，須「應」乃出，則「希言」（二十三章）矣！此謂無為之治，不言之教也。

「不以形立物」——

二十七章注云：「因物之性，不以形制物也。」與此同。「以形立物」，則乃親譽畏侮之治，非自然之太上矣！

十八章

大道廢，有仁義，

注：失無為之事，更以施慧立善進物也。

校：原注於「善」下有「道」字，波多野太郎《老子王注校正》引古屋昔陽云：「當作『施惠立善以導進物』。」波多野太郎則謂「道」字衍，云：「施惠立善以進行……『進』『道』形近，一本作『道』，校者旁注，後誤攙入。」十七章注云：「不能以恩仁令物。」二十四章注云：「物尚進則失安。」三十八章注云：「立善以治物。」《老子微旨例略》云：「儒者尚乎全愛，而譽以進之。」又云：「譽以進物，爭尚必起。」

智慧出，有大偽，

校：「智慧」——

諸本皆作「智慧」，聚珍本獨作「慧智」，《釋文》作「知慧」，云：「音

智。」作「慧智」，蓋誤倒，注云：「智慧出。」並可證。

注：行術用明以察姦偽，趣覩形見，物知避之，故智慧出，則大偽生也。

補：此章與十七、十九二章一氣相連，不外「下知有之」、「親之譽之」、「畏之侮之」三者之旨；上句蓋「親譽」之治，此句則「畏侮」之治。

六親不和，有孝慈；國家昏亂，有忠臣。

注：甚美之名，生於大惡，所謂美惡同門。六親，父子兄弟夫婦也。若六親自和，國家自治，則孝慈忠臣不知其所在矣！魚相忘於江湖之道失，則相濡之德生矣！

校：「相忘於江湖之道失」——

注本無「失」字，意乖甚，嚴靈峰先生《陶鴻慶老子王弼注勘誤補正》以為奪「失」字。《莊子‧天運篇》云：「泉涸，魚相與處於陸，相呴以溼，相濡以沫，不若相忘於江湖。」此輔嗣之所本。

補：失「太上」之治，仁義智慧為用，厚薄詐偽遂生，六親因以不和，國家因以昏亂，而孝慈忠臣亦隨之以起，然不和未安，昏亂未治者，不得無為之治也。是知仁義智慧不可恃，孝慈忠臣皆末節，此觀下章益見其理。

十九章

絕聖棄智，民利百倍；絕仁棄義，民復孝慈；絕巧棄利，盜賊無有。此三者以為文而未足，故令有所屬；見素抱樸，少私寡欲。

校：「以為文而未足」——

本作「以為文不足」，與多數傳本同。注作「以為文而未足」，與傅奕《道德經古本篇》，司馬光《道德眞經論》同，東條弘《老子王注標識》以為此係古本。而范應元老子道德經集註作「三者，以為文不足也。」並云：「古本。」「王弼同古本。」莫知其正，幸其意不相害，今姑從注改。

注：聖智，才之傑也；仁義，行之大也；巧利，用之善也。而直云絕，文甚不足，不令之有所屬，無以見其指，故曰此三者以為文而未

足，故令有所屬，屬之於素樸寡欲。

校：「聖智，才之傑也；仁義，行之大也。」——

本作「聖智，才之善也；仁義，人之善也。」「人」字與「仁義」不對。《釋文》並出「行」於「之善」、「也」之間，盧文弨《老子音義》云：「『人』，本或作『行』。」蓋謂《釋文》本。

易順鼎《讀老札記》云：「疑『仁義，人之善也。』當本作『行之善也。』」《老子微旨例略》云：「夫聖智，才之傑也；仁義，行之大也；巧利，用之善也。」正作「行」。

嚴靈峰先生《陶鴻慶老子王弼注勘誤補正》據《例略》，又改作「人之傑」「行之大」，亦是，故釋文於「之善」下云：「一本作『傑』。」與《例略》同。

「故令有所屬」——

「令」下本有「人」字，校之經文，審之義理，皆無所據，殆衍文，今刪。

正：「絕」「棄」——

皆七十八章「若反」「正言」，乃五十二章「知子」「守母」之意，即十一章「有之以爲利，無之次爲用。」故下文云「故令有所屬」。

「此三者以為文而未足，故令有所屬」——

「文」謂三者，猶十一章「有之以爲利」之「有」，詳上「正」。

二十章

絕學無憂。唯之與阿，相去幾何？美之與惡，相去何若？人之所畏，不可不畏。

校：「美之與惡」——

諸王本「美」作「善」，考注「唯阿美惡」之文，知弼本作「美」。十八章注云：「美惡同門」，並可證，蓋本二章「天下皆知美之爲美，斯惡矣。」爲注。《帛書老子》、傅奕《道德經古本篇》亦作「美」。

「相去何若」——

聚珍本「何若」作「若何」，紀昀云：「河上公注本及各本俱作『何若』。」

注云：「相去何若？」易順鼎《讀老札記》據以定王本當作「何若」。

注：下篇為學者日益，為道者日損，然則，學求益所能而進其智者也。若將無欲而足，何求於益？不知而中，何求於進？夫燕雀有匹，鳩鴿有仇，寒鄉之民必知旃裘，自然已足，益之則憂。故續鳧之足，何異截鶴之脛？貴譽而進，何異畏刑？唯阿美惡，相去何若？故人之所畏，吾亦畏焉，未敢恃之以為用也。

校：「貴譽而進」——

「貴」本作「畏」，不可解；蓋「貴」「畏」音近，且涉下文，遂誤也。「貴譽而進」，猶「續鳧之足」，皆欲「益所能而進其智」也。

「下篇為學者日益，為道者日損。」——

四十八章云：「為學日益，為道日損。」無二「者」字，或輔嗣取義而非引全文，故云「下篇」，不詳章數，猶二十三章「希言自然」注「下章」之言，亦非悉如經文，未必經文脫漏也。

補：「絕學無憂」——

注云：「不知而中，何求於進。」「中」讀去聲，猶「用」也，三十五章注云：「若無所中，然乃用之不可窮極也。」與此「中」同。「不知而中」，即不進其智，而以虛弱為用也。

「絕學」亦七十八章之「若反」「正言」，謂欲「學」以「益」「進」之害，故下注云「不敢恃之以為用」，不敢恃此「進」「益」之「學」也。（波多野太郎《老子王注校正》引大槻如電批注。）四十二章云：「物或損之而益，或益之而損。」「學」而欲「進」，「益之而損」者也，唯「為道日損」（四十八章）者，可「損之而益」，故須「絕學」方可「無憂」。

「唯」「阿」「美」「惡」——

河上公云：「同為應對而相去幾何。」司馬光《道德真經論》云：「唯則為恭，阿則為慢。」吳澄《道德真經註》云：「唯則為善，阿則為惡。」此承上「絕學」之意，謂勿競學「唯」「美」，始可去「阿」「惡」之卑劣。

「人之所畏，不可不畏。」——

此謂無別「唯」「啊」「美」「惡」，因任順應也。河上公云：「人，謂道

人也。」殆「道人」畏汲汲於「唯」「美」之「增」「益」，故老子亦畏之也。此「道人」即得道之人，與下文「俗人」不同，唯未必真有其人，或老子自設為言耳。下文之「我」，用法同此。

荒兮其未央哉：

注：歎與俗相返之遠也。

補：「荒」「央」——

荒，廣遠也（司馬光，見下。）；央，止也。（河上公）司馬光《道德真經論》云：「恭與善皆細行，聊以避害耳，未足以為大道也，大道廣遠不可量。」大道廣遠未止，故不可量也。體道之人亦猶之，不若塵俗之拘趨細行，必欲「美」「阿」，此所謂「與俗相返之遠」也；返，猶反也。（東條弘《老子王注標識》。）

「哉」——

上言「不可不畏」，故此句以下，言畏之而所行者，「哉」字凡二見，皆起下之歎詞；「荒兮其未央哉」、「我愚人之心也哉」，各導起下文以見歎意。

眾人熙熙如享太牢，如春登臺，

注：眾人迷於美譽，或於榮，欲進心競，故熙熙如享太牢，如春登臺也。

校：「美譽」——

「譽」本作「進」，涉下「進」而誤。上注云：「貴譽而進。」，相承之言。

《老子微旨例略》云：「儒者尚乎全愛，而譽以進之。」「譽以進物，爭尚必起。」與此同。

《例略》又云：「行之美顯尚，則脩其所尚而望其譽，脩其所道而冀其利。望譽冀利，以勸其行，名彌美而誠愈外，利彌重而心愈競。父子兄弟，懷情失直，孝不任誠，慈不任實，蓋顯名行之所招也。」並可證，此與十九、二十章旨要相同。

補：「熙熙」——

蘇轍《老子解》云：「囂然從之而不知其非。」蓋好美譽而急進，則喧

囂躍動而不知疲寂矣！故司馬光《道德真經論》云：「以外物爲悅。」
「享」——

《經典釋文》作「亨」，且云：「河上公作『饗』，用也。」畢沅《老子道德經考異》云：「古『亨』『享』同字，篆文爲𠅖改隸者誤𤰃與𤲃同，故作『享』。」又云：『享』『饗』亦字通。」是知「享」爲「亨」之變，與「饗」意通，食也，即《釋文》云「用也」。其字意既同，姑從眾本作「享」。

我獨廓兮其未兆，如嬰兒之未孩，

校：「廓」——

本作「泊」，《釋文》作「廓」，並云：「河上本作『泊』。」觀注「廓然」之文，則王本作「廓」，今作「泊」，蓋後人據河上本改。二字意通，今從釋文。

注：言我廓然無形之可名，無兆之可舉，如嬰兒之未能孩也。

補：「廓」——

輔嗣以「廓然」爲「無形」「無兆」，「無爲」「無欲」（下文注），蓋取「空寂虛無」之意。上云「熙熙」，謂囂動，此云「廓兮」，謂虛寂，正俗聖之別。

「未兆」——

六十四章「爲之於未有」，注云：「謂其安未兆。」知王弼以「未兆」爲「未兆形跡」，以「兆」爲「現」。十五章注云：「其容象不可得而名也。」與此同。

此跡未顯之際，即首章之「無」，「同於道」（二十三章）者也。

「未孩」——

河上公云：「如小兒未能答偶人時也。」謂「孩」乃能「識人之意」（李約《道德真經新註》），自措應辭。故《莊子‧天運篇》云：「子生五月而能言。不至乎孩而始誰。」謂至「孩」而內明始現，能別辨異同也；方其未然，則亦渾乎若癡耳。

儽儽兮若無所歸；

注：若無所宅。

補：「儽儽」——

　　范應元《老子道德經古本集註》云：「儽，力追切。《說文》：垂皃。」
　　又云：「聖人之心，常虛常靜，无去无來，故儽儽兮外無文飾，其若不
　　足；內不離道，似无無歸也。」「垂儽」之容象，即「廓兮」之類，覈
　　之「若無所歸」，尤見神韻。

眾人皆有餘，我獨若遺。

校：「我」上聚珍本有「而」字，紀昀云：「《永樂大典》無『而』字。」考
　　此章諸「獨」字所引之句，聚珍本唯此句與「而我獨頑似鄙」有「而」
　　字。《帛書老子》、唐景龍二年易州龍興觀《道德經碑》等，兩處皆無
　　「而」字，孫鑛評王注則下句無「而」字。

注：眾人無不有懷有志，盈溢胸心，故曰皆有餘也。我獨廓然無為無
　　欲，若遺失之也。

我愚人之心也哉：

注：絕愚之人，心無所別析，意無所好欲，猶然其情不可覩，我頹然若此
　　也。

沌沌兮，

注：無所別析，不可為名。

校：「名」——

　　聚珍本作「明」，紀昀云：「『明』原本作『名』，今據《永樂大典》校
　　改。」「明」字道藏本、張太守命撰集注本，集唐字本，皆作「名」，
　　今從之。

補：不可爲名，即十五注「不可得而名」，以其沌沌無別，不可覩見容象
　　也。

俗人昭昭，

注：耀其光也。

我獨昏昏；俗人察察，

注：有所別析也。

校：注本作「分別別析」，文不成辭，陶鴻慶《讀老札記》云：「上文注兩

言『無所別析』，疑此注『分別』，即『有所』二字所誤。」

我獨悶悶；澹兮其若海，

注：情不可覩。

補：范應元《老子道德經古本集註》云：「澹，《音辯》云：『音談，水深皃。』」
又云：「謂澹兮深不可測，故若海。」與上文「昏昏」「悶悶」之不顯
現同，旨在深邃不可見之「沌沌」容象，爲世俗所輕忽者。

飂兮若無所止；

校：「無所止」——

聚珍本無「所」字，紀昀云：「《永樂大典》『無』下有『所』字。」孫
鑛評王注亦有「所」字，波多野太郎《老子王注校正》云：「武內義雄
研究曰：『現行王本無『所』字，然據王注，似有「所」字。』」。上文
云「若無所歸」，與此同例。

注：無所繫縶。

董思靖《太上老子道德經集解》云：「飂，如長風飄揚之狀。」蓋「飂」
本言「高風」（《說文》），此轉爲形容之用，爲「飄揚」之意，故梁簡
文本作「飄」（《釋文》），意同。

眾人皆有以，

注：以，用也；皆欲有所施用也。

我獨頑且鄙。

校：「而」——衍文。

聚珍本句首有「而」字，孫鑛評本「無」，當刪，說見上文「我獨若愚」
校。

「且」——

聚珍本作「似」，孫鑛本作「且」，東條弘《老子王注標識》云：「據
注，一本作『頑且鄙』者是也，畢沅、《傅奕本》亦作『且』。」七章
云：「天地所以能長且久者。」「且」字用法與此句同，乃並列連詞，
所以增益其詞氣者。

注：無所欲為，悶悶昏昏，若無所識，故曰頑且鄙也。

補：頑，庸頑也（李約《道德眞經新註》），頑然無知也（董思靖《太上老

子道德經集解》)。

我獨異於人而貴食母。

注：食母，生之本也。人皆棄生民之本，貴末飾之華，故曰我獨異於
人。

校：「我獨異於人」——

注「獨」下本有「欲」字，陶鴻慶《讀老札記》遂據而補經文，愚謂
不然，注「欲」字殆衍耳。

此章言「我獨」者凡六，其五皆不接「欲」字，此豈獨異於眾哉？

老子之「我」，各見十七、二十、四十二、五十三、六十七、七○諸章，
皆謂體「道」者之「能然」「已然」，而「欲」者，但「將然」耳，「能
然」且未必，況「已然」耶？此句不可增「欲」字也。

二十一章

孔德之容，惟道是從。

注：孔，空也。惟以空為德，然後乃能動作從道。

補：「容」——

高亨《老子正詁》甲云：「注曰：『動作從道』，正以『動』釋『容』。」
是。

正：「孔」——

王注以「孔」為「空」，謂空德乃能從道，非此句之旨。此句以「容」
為主語，非以「德」為主語。

河上公云：「孔，大也。」「孔德」，猶大德也。

道之為物，惟恍惟惚；

注：恍惚，無形不繫之歎。

恍兮惚兮，其中有物；惚兮恍兮，其中有象；

校：諸王本「惚兮恍兮」二句在上，紀昀云：「此二句一本在下二句之下。」
俞樾《老子平議》云：「『惚兮恍兮』二句，當在『恍兮惚兮』二句之
下。承上『惟恍惟惚』之文，故先言『恍兮惚兮，其中有物。』」……

王弼注曰：『萬物以始以成，而不知其所以然，故曰恍兮惚兮，惚兮恍
兮，其中有象也。』注文當是全舉經文，而奪『其中有物』四字。然
據此，可知王氏所見本，經文猶未倒也。」道藏本河上公注、吳澄《道
德眞經註》，並同此。

注：以無形始物，不繫成物，萬物以始以成，而不知其所以然，故曰
　　恍兮惚兮，其中有物；惚兮恍兮，其中有象也。

校：「其中有物」──
　　注本無此四字，當補，見此句經「校」俞說。

窈兮冥兮，其中有精；

注：窈冥，深遠之歎。深遠不可得而見，然而萬物由之以成，其可得
　　見以定其真，故曰窈兮冥兮，其中有精也。

校：「由之以成」──
　　本無「以成」二字，二十五章注云：「混然不可得而知，而萬物由之以
　　成，故曰混成。」與此意同。蓋承上注「萬物以始以成」而言，下注
　　云：「萬物無不由此而成。」亦同。

補：「精」──
　　河上公云：「道唯窈冥，其中有精實，神明相薄，陰陽交會也。」蓋內
　　質之謂。

其精甚真，其中有信。

注：信，信驗也。物反窈冥，則真精之極得，萬物之性定，故曰其精
　　甚真，其中有信也。

正：信，謂「實」也，見上「精」河上公注。

自古及今，其名不去，

注：至真之極，不可得名，無名則是其名。自古及今，萬物無不由此
　　而成，故曰自古及今，其名不去也。

校：「萬物無不由此而成」──
　　本無「萬物」二字，嚴靈峰先生《陶鴻慶老子王弼注勘誤補正》云：「上
　　文注：『以無形始物，不繫成物；萬物以始以成。』一章注：『言道以
　　無形無名，始成萬物。』二十五章注：『混然不可得而知，萬物由之以

成。』疑『無不』上脫『萬物』二字。元文當作：『萬物無不由此而成。』由此，即由無名，亦即由道也。應予補正。」今據補。

正：「其名不去」——

　　名，謂「道」之「常名」，謂形象也，詳一章「正」。

以說眾甫。

校：「說」——

　　聚珍本作「閱」，《釋文》作「說」，云：「一云『悅』。」知《釋文》所見王本作「說」，與注文合。東條弘《老子王注標識》云：「《周語・王孫說》、《漢書・古今人表》作『王孫閱』；《左氏傳》昭七年『南宮說』，《檀弓》作『南宮閱』；《詩・谷風》『吾窮不閱』，《左傳》襄二十五年作『我躬不說』。」皆「閱」「說」互用之證今從注及釋文作「說」。

注：眾甫，物之始也；以無名說萬物始也。

正：「說眾甫」——

　　高亨《老子正詁》甲以「閱」、「說」古通用，「脫」「說」古通用，遂訓「閱」爲「出」，張默生《老子章句新釋》以「閱」有出生之意。「物之始」即一章「萬物之母」、四十章「天下萬物生於有」之「有」，爲物之始形。「以閱眾甫」，即「有生於無」（四十章）之義。

吾何以知眾甫之然哉？以此。

訂：「然」——

　　本作「狀」，紀昀云：「各本俱作『然』。」《帛書老子》同。東條弘《老子王注標識》云：「五十四章：『吾何以知天下然哉？以此。』皆與此同句法。合而觀之，作『然』者爲是。」《高亨老子正詁》乙云：「蓋古『然』作『狀』，因譌爲『狀』也。」。

注：此，上之所云也。言吾何以知萬物之始於無哉？以此知之也。

正：眾甫之「然」——

　　「然」猶五十四章「以身觀身……以天下觀天下；吾何以知天下然哉」之「然」，謂「眾甫」之情狀，非僅「萬物之始於無」而己；「眾甫」出乎「道」，故吾可體「道」以知「眾甫」也，五十四章注云：「言吾何以得知天下乎？察己以知之，不求於外也。」兩處用法同。

二十二章

曲則全，枉則直，窪則盈，敝則新，

> 校：四句下原各有注，云：「不自見則其明全也。」「不自是則其是彰也。」
> 「不自伐則其功有也。」「不自矜則其德長也。」易順鼎《讀老札記》
> 以爲當係二十四章「自見者不明，自是者不彰，自伐者無功，自矜者不
> 長。」注，而誤置於此者。
>
> 四句注誠與經文不合，唯移置二十四章仍未必當；下文「不自見故明，
> 不自是故彰，不自伐故有功，不自矜故長。」並無注，此四注蓋增字以
> 解之者，猶二十三章「信不足焉，有不信焉。」注云：「忠信不足於下
> 焉，有不信焉。」

> 補：「曲」——
>
> 一偏也。（吳澄《道德眞經註》）
>
> 「曲」「枉」「窪」「敝」——
>
> 此四字與下句「少」，皆七十八章「若反」「正言」。

少則多，多則惑，

> 注：自然之道，亦猶樹也；轉多，轉遠其根，轉少，轉得其本。多則
> 遠其根，故曰惑也；少則得其本，故曰得也。

> 校：「多則遠其根」——
>
> 「根」本作「眞」，蓋涉音而誤。

> 補：「多則惑」——
>
> 注云「轉」，猶傳也，此謂傳延雜出；方其愈多愈廣，則離本愈遠，惑
> 亂乃生。

是以聖人抱一為天下式。

> 注：一，少之極也；式，猶則也。

> 校：「猶則也」——
>
> 「則」下原有「之」字，意不合，《文選・嵇康養生論》注引無「之」
> 字，東條弘《老子王注標識》據以定「之」爲衍文。

> 補：「一」——
>
> 猶四十二章、三十九章之「一」，謂體「道」不離也。

不自見故明，

　　注：不自見，則其明全也。

　　校：此句各本無注，今從上移置此，詳上「曲則曲……敝則新。」「校」。
　　　　又此句本作「不自見其明，則全也。」與其他三注不合，當據改。（易
　　　　順鼎《讀老札記》，陶鴻慶《讀老子札記》。）

不自是故彰，

　　注：不自是，則其是彰也。

　　校：見上「曲則曲……敝則新。」。

不自伐故有功，

　　注；不自伐，則其功有也。

　　校：見上「曲則曲……敝則新。」。

不自矜故長，

　　注：不自矜，則其德長也。

　　校：見上「曲則曲……敝則新。」。

**夫唯不爭，故天下莫能與之爭。古之所謂曲則全者，豈虛言哉？
誠全而歸之。**

　　補：不爭——

　　　　亦七十八章「若反」「正言」，謂「自然」（二十三章）不「妄」（十六
　　　　章）爭也。

　　　　「誠全而歸之」——

　　　　李約《道德眞經新註》云：「但行之，當自見其効。」謂守「曲」者必
　　　　能得「全」也。誠，眞也；之，謂「曲」者。

二十三章

希言自然，

　　注：聽之不聞名曰希。下章言道之出言，淡兮其無味也，視之不足見，
　　　　聽之不足聞；然則無味不足聽之言，乃是自然之至言也。

　　補：「希言」——

輔嗣引十四章「聽之不聞名曰希」釋「希」，而十四章注復以「希」爲「無」，則「希言」即「無言」也；「無言」者，自然無爲也。

正：「希言自然」——

注云：「無味不足聽之言，乃是自然之至言也。」著意於「言」之「自然」否，非此文之旨。

二章云：「居無爲之事，行不言之教。」「希言」即「不言」，與「無爲」皆「自然」之異言耳。

「希言自然」，旨趣惟在「自然」二字。吳澄《道德眞經註》云：「得道者忘言，因其自然而已。」謂須「希言」以任「自然」也。

「自然」者順「勢」（五十一章）不妄（十六章）也。

故飄風不終朝，驟雨不終日。孰爲此者？天地。天地尚不能久，而況於人乎？

注：言暴興不長也。

校：「暴興」——

原作「暴疾美興」，嚴靈峰先生《陶鴻慶老子王弼注勘誤補正》云：「『美興』二字無義，疑『美』字乃『戾』字之形誤。《禮記》：『風戾以食之。』《文選·潘岳賦》：『疾風戾而吹帷。』言飄風驟雨，疾戾而興也。」然「暴疾戾興」之文亦非例也。

三十章注云：「壯，武力暴興，喻以兵強於天下者也。飄風不終朝，驟風不終日，故暴興必不道早已也。」嚴靈峯先生以之兩作「暴興」，俱無「疾美」之文，疑二字爲衍。「疾戾」，蓋「暴」旁注之文，後之刻者誤入注文也。

補：「故」——

此「故」亦承「果」言「因」之例，見二章。

「飄風」——

河上公云：「疾風也。」

「天地尚不能長久」——

謂天地所生之「飄風」「驟雨」，言可以長久之天地，苟不依道，妄自暴疾，所生亦不能有「終於朝暮」之長，故曰「尚」也。

故從事於道者同於道，

校：「同於道」——

句上本重「道者」二字，不可解，俞樾《老子平議》云：「王弼注曰：『故從事於道者，以無爲爲君（案「君」當作「居」），不言爲教，緜緜若存，而物得其眞，於道同體（案「於」誤，注作「與」。），故曰同於道。』是王氏所據本正作『故從事於道者同於道』。」

注：從事，謂舉動也。道以無形無爲成濟萬物，故從事於道者，以無爲爲居，不言爲教，緜緜若存，而物得其真，與道同體，故曰同於道。

校：「舉動也」——

「動」下本有「從事於道者」五字，不可解，蓋衍。

「無爲爲居」——

「居」本作「君」，蔣錫昌《老子校詁》二章以「君」爲「居」之形誤。六十三章注云：「以無爲爲居，以不言爲教。」與此同，皆本二章「居無爲之事，行不言之教。」也。（並見十七章注）

德者同於德，

注：得，少也；少則得，故曰得也。行得則與得同體，故曰同於得也。

補：「德者」——

注云「行得則與得同體」，蓋以「德者」爲「從事於德者」之省。

「德」——

王弼以「德」爲「得」，與下「失」對，可通。其以「少」釋「得」，乃言「得」之要在「少」，故下以「少則得」輔之，非謂「得」即「少」。河上公云：「同於德者，所謂與德同也。」以「道」「德」相對，亦可通；「德」，即「得」之於「道」者也。

五十一章云：「道生之，德畜之，物形之，勢成之。」蓋「德」者「物」所以爲「物」之內質，故此章僅以「道」「德」並列，過此者皆「失」「德」矣。

失者同於失。

注：失，累多；累多則失，故曰失也。行失則與失同體，故曰同於失

也。

同於道者，道亦樂得之；同於德者，德亦樂得之；同於失者，失亦樂得之；

注：言隨其所行，故同而應之。

校：「隨其所行」——

本作「隨行其所」，陶鴻慶《讀老子札記》云：「當作『隨其所行』，承上文『行得』『行累』（案當作『行失』）而言。」

信不足焉，有不信焉。

注：忠信不足於下焉，有不信焉。

正：此承上「同於失者，失亦樂得之。」言，謂信「道」不足，乃有「不信」者應己也，詳十七章此句「正」。

二十四章

企者不立，

注：物尚進則失安，故曰企者不立。

補：「企」——

董思靖《太上老子道德經集解》作「跂」，云：「與『企』同。」李約《道德眞經新註》云：「跂踵之長，不堪持久。」「企」即「舉踵」之義。（《說文》）

跨者不行，自見者不明，自是者不彰，自伐者無功，自矜者不長。其在道也，曰餘食贅行，

注：其在於道，若卻至之行，盛饌之餘地。本雖美，而論之，更可薉也；本雖有功，而自伐之，故更為肬贅者也。

校：「其在於道」——

「在」本作「唯」，不可解，陶鴻慶《讀老札記》以爲「在」之誤。

「本雖美，而論之。」——

「而論之」三字本在「其在於道」下，「本雖美，更可薉。」不可解，與下「本雖有功，而自伐之，故更爲肬贅者。」亦不相類，今據陶鴻

慶說，移置於此。

「自矜者不長」——

注云「本雖美，而論之，更可葳」，「葳」同「穢」，惡也；謂本爲美者，苟論說之不息，欲人皆知之，則不美矣！

「卻至之長」——

《釋文》云：「卻至，晉大夫，自伐，事見左傳成公十六年。」蓋謂「晉侯使卻至獻楚捷于周，與單襄公語，驟稱其伐。」後遂見殺於晉一事，爲自伐者無功之明例也。

「贅行」——

王注以爲肬贅多餘之行爲，並引卻至自伐事爲例。董思靖《太上老子道德經集解》引司馬光曰「附餘之形。」以「行」爲「形」。

正：「餘食」——

注云「盛饌之餘」，謂殘剩之食，未切。蘇轍《老子解》云：「譬如飲食，適飽則已，餘則病。」以「餘食」爲多餘之食。「餘食」「贅行」，並上章「多則惑」之義。

物或惡之，故有道者不處。

補：河上公云：「物無有不畏惡也。」蓋以「或」爲「有」，「物有惡之」謂物於之有惡，非偶有惡之者而已。

二十五章

有物混成，先天地生，

注：混然不可得而知，而萬物由之以成，故曰混成也。不知其誰之子，故曰先天地生。

校：「故曰先天地生」——

本無「曰」字，嚴靈峰先生《陶鴻慶老子王弼注勘誤補正》以爲引經文，當有，此觀其注例可知也。

補：混成之物，即不可道之「常道」，「混」之爲「不可」，猶十四章「不可致詰」、「混而爲一」。

寂兮寥兮，獨立而不改，

校：「寞兮」——

　　「寞」本作「寥」，注及《釋文》皆作「寞」，東條弘《老子王注標識》據以改正。

訂：「而」——

　　王本缺，紀昀云：「各本俱有『而』字。」蔣錫昌《老子校詁》云：「『立』下當有『而』字，以與下句相對成文。」。

注：寂寞，無形體也。無物之匹，故曰獨立也；返化終始，不失其常，故曰不改也。

周行而不殆，可以為天下母。

注：周行無所不至而免殆，能生全大形也，故曰可以為天下母。

校：「故」下本無「曰」字，依注例，當有。（嚴靈峰先生説。）

補：「周行」——

　　「周行」一語，說者每與下文「逝」「遠」「反」並觀，謂為循環周行之規律，不合「道」之理則。（詳十六章）三十四章云：「大道氾兮，其可左右。」此之謂也。

吾不知其名，

注：名以定形，混成無形，不可得而定，故曰不知其名也。

正：「名」非「名號」，乃「形象」之謂；「不知其名」，即「常名」不可「名」也。（詳一章）

字之曰道，

注：夫名以定形，字以稱可言，道取於無物而不由也，是混成之中，可言之稱最大也。

正：《老子微旨例略》云：「名也者，定彼者也；稱也者，從謂者也。名生乎彼，稱出乎我。」又云：「名號生乎形狀，稱謂出乎涉求。」以為先有「形狀」，從而號之，為「名」；本無跡痕，出於涉求，為「稱」，即此章之「字」，有待商榷。

其一，為「名」為「字」，皆依其所有，從而定之耳；既生乎彼，亦出乎我也。

其二，下文云「名曰大」，「大」固非「名號」也。

其三，「道」本「混成」，不可「名」「道」，否則便「有繫」「有分」，而「失其極」（見下句「強為之名曰大」注），老子以「道」「字」之，僅為指稱之便耳，乃虛號也，不涉其任何形質。今言「取於無物而不由」，則失其「混」矣，非本旨。

其四，以「道」為「可言之稱最大」，不知所據為何。

強為之名曰大，

注：吾所以擎之曰道者，取其可言之稱最大也；責其字定之所由，則繫於大。夫有繫則必有分，有分則失其極矣，故曰強為之名曰大。

校：「夫有繫」——

「夫」本作「大」，蓋涉上而誤。（陶鴻慶《讀老子札記》）

正：「強為之名」——

輔嗣「繫」「分」之說得「可道」「可名」之旨，唯以「道」為「稱中之大」，釋此「大」，則難理解。

此承上「不知其名」而言，故云「強為之名」，猶十五章「強為之容」也。高亨《老子正詁》乙疑本作「強為之容」，不知「名」之釋為「容」，然已知「名」之不為「名號」（參見一章）。

大曰逝，

注：逝，行也。不守一大體而已，周行無所不至，故曰逝也。

正：「曰」——

諸「曰」字作「則」解，所以連接同位概念者，「大」「逝」「遠」「反」不分先後也。

「逝」——

此章「大」「逝」「遠」「反」，猶十五章之「豫」「猶」「儼」「渙」「敦」「曠」「混」，乃勉強用次修飾不可知之形象（即「名」）者，王注以「逝」為「行」，非。

逝，猶消逝也，謂隱晦不顯也，四十一章云：「大象無形，道隱無名。」即「逝」之意。

逝曰遠，遠曰反。

注：遠，極也。周行無所不窮極，不偏於一逝，故曰遠也。不隨於所

適，其體獨立，故曰反也。

校：「周行」——

本無「行」字，陶鴻慶《讀老子札記》以爲奪脱。

正：「遠」——

注以爲所行之偏遠。六十五章云「玄德深矣遠矣，與物反矣。」與此同。《老子微旨例略》云：「大也者，取乎彌綸而不可極也；遠也者，取乎綿邈而不可及也。」謂「道」之「玄遠」也。

「反」——

說者多以爲「循環反覆」之「反」，殆未審「常」「無常」故，詳見十六章。

注云：「不隨於所適，其體獨立，故曰反也。」四十章注云：「高以下爲基，貴以賤爲本，有以無爲用，此其反也。」蓋以「反」爲「返」，謂返守根本也。此以釋四十章固佳，釋此章則未善；四十章所言乃「道之動」，故可云「返」，此章則描容道之形象，必不可以「反」爲動詞也。

六十五章云：「玄德深矣遠矣，與物反矣。」七十八章云：「正言若反。」皆以「反」修飾「名詞」，與此章同，即取其「反背」之意，謂與俗不同也。

道大，天大，地大，王亦大；

訂：「道」上本有「故」字，《隷本帛書老子》、傅奕《道德經古本篇》等皆無。審此句之意，重在「王亦大」，故下文特云「王居其一」，爲承「強爲之名曰大」而言者，與上文無因果關係，有「故」意不可通，今刪。

注：天地之性，人爲貴，而王是人之主也，雖不職大，亦復爲大，與三匹，故曰王亦大也。

正：「王亦大」——

老子之所貴者，「聖人」耳，其俗眾則未曾異乎萬物，故有「目盲」「耳聾」（十二章）之失，「昭昭」「察察」（二十章）之歎，注云「天地之性，人爲貴，而王是人之主也。」未符志子之旨。

「王」者六十七章「受國不祥，是謂天下王。」之「王」也，非泛指「侯王」也；蓋老子書之「侯王」，未必「同於道」，故常以「若能」

惕勵其守道不離也。(見三十二、三十七、三十九章)

域中有四大,

> 注:四大,道天地王也。凡物有稱有名,則非其極也;言道則有所由,有所由然後謂之為道,然則是道稱中之大也,不若無稱之大也;無稱不可得而名,曰域也;道天地王皆在乎無稱之內,故曰域中有四大也。

> 校:「域中有四大」下本有「者」字,蓋衍,今刪。

> 「域」——

> 弼注謂「道」乃「稱中之大」,未若「城」之為「無稱之大」,拘於「名」「稱」之辨衍伸,意亦益晦。「域」,猶今文「宇宙」也。

而王居其一焉。

> 注:處人主之大也。

王法地,地法天,天法道,道法自然。

> 訂:「王法地」——

> 本作「人法地」諸本並同,唯寇才質《道德眞經四子古道集解》作「王法地。」或拘於「人」,認為上文「域中有四大」之「王」亦當作「人」,此不知老子「人」「王」例故,見上「王亦大」「正」。

> 高亨《老子正詁》甲云:「『人』當作『王』,上文云『王亦大』,又曰『而王居其一焉』,則此當作『王法地』。」

> 注:法,謂法則也。人不違地,乃得全安,法地也。地不違天,乃得全載,法天也。天不違道,乃得全覆,法道也。道不違自然,乃得其性,法自然也。法自然者,在方而法方,在圓而法圓,於自然無所違也。自然者,無稱之言,窮極之辭也。夫執一家之量者不能全家,執一國之量者不能成國,故人雖知萬物治也,治而不以二儀之道,則不能贍也;地雖形魄,不法於天,則不能全其寧;天雖精象,不法於道,則不能保其清。用智不及無知,而形魄不及精象,精象不及無形,有儀不及無儀,故轉相法也。道順自然,天故資焉;天法於道,地故則焉;地法於天,人象焉,所以為主,其一之者主也。

校：「法自然也」——

此句本無，陶鴻慶《讀老子札記》云：「『乃得其性』下當有『法自然也』四字，與上文『法地也』、『法天也』、『法道也』一律。因下有複句而誤奪之。」。

「夫執一家之量者……則不能保其清。」——

「窮極之辭解」下本無此數句，失其承接，今自四章注移此，詳四章「道沖，而用之或不盈。」「校」。

又「清」字本作「精」，嚴靈峰先生《陶鴻慶老子王弼注勘誤補正》云：「三十九章：『天得一以清，地得一以寧。』又：『天無以清將恐裂，地無以寧將恐發。』俱以『清』、『寧』相對爲文；此『清』字，疑係因涉上『精象』，並形近，而誤爲『精』也。」

正：「法」——

王注以「自然」爲無稱窮極之辭，爲至崇之主，居人、地、天、道之上，且以「人」不及「地」，「地」不及「天」，「天」不及「道」，須「轉相法」。豈「人」無「地」則無以同「天」，「地」無「天」則無以同「道」哉？

董思靖《太上老子道德經集解》云：「推其相因之意，則是三者皆本於自然之道，蓋分殊而道一也。」所謂「道一」者，即此文之旨，諸「法」字猶上文之「曰」，十六章之「乃」，所接者皆同一並齊；其必依序陳述者，不過增益其勢耳；「王」固可不因「天」「地」，直體「道」，得「自然」也。

「自然」——

「自然」一詞，河上公云：「道性自然，無所法也。」已知其非物之指稱。「自然」者法則之稱述，與「道」「天」「地」之爲物不同；「道法自然」謂「道」仿效「自然」這種「法則」，非仿效「自然」這個「物體」，即河上公「自然」「無所法」之意。

二十六章

重爲輕根，靜爲躁君，

注：凡物輕不能載重，小不能鎮大，不行者使行，不動者制動，是以

重必為輕根，靜必為躁君也。

是以聖人終日行不離輜重，

注：以重為本，故不離。

補：吳澄《道德眞經註》云：「君子吉行，乘乘車；師行乘兵車，皆輕車也。輕車後有輜車，載寢處服食所用之物，謂之重車。雖乘輕車，而終日不與重車相離，故吉行日止五十里，師行日三十里，不敢以輕車疾行，逕往而不顧在後之輜重也。此言輕之本乎重也。」此即四十章「反者道之動。」守「母」（五十二章）不「離」（十章）也。

雖有榮觀，宴處超然。

校：「宴處」——

「宴」聚珍本作「燕」，釋文作「宴」，范應元《老子道德經古本集註》亦作「宴」，並云：「王弼同古本，河上公作『燕』。」馬敘倫《老子覈詁》云：「張之象本作『燕』者，後人據河上以改王矣。作『宴』是，『燕』借字。」

注：不以經心也。

補：觀，董思靖《太上老子道德經集解》云：「古亂反。」以「觀」爲宮闕之謂。「榮觀」，謂榮華之觀。（范應元《老子道德經古本集註》）也。宴，林希逸《老子口義》云：「燕，安也。」「燕」即「宴」之借。（馬敘倫說，見上。）超然，超脫之貌也。（李約《道德眞經新註》）宴處超然，董思靖云：「無所係著，而超然自得於物外也。」即輔嗣「不以經心」之意，謂「靜」而不「躁」也。

奈何萬乘之主，而以身輕天下？輕則失根，躁則失君。

訂：「根」——

聚珍本作「本」，大典本作「根」（紀昀引），乃據他本而改，觀注知王注本作「本」也，唯作「本」者，恐非老子之舊。

俞樾《老子平議》云：「《永樂大典》作『輕則失根』，當從之。蓋此章首云：『重爲輕根，靜爲躁君。』故終之曰：『輕則失根，躁則失君。』言不重則無根，不靜則無君也。王弼所據作『失本』者，與『根』一義耳，而弼不曉其義，以『失本』爲『喪身』，則曲爲之說矣！」吳

澄《道德眞經註》、明太祖御註《道德眞經》、釋德清《老子道德經解》、焦竑《老子翼》俱作「根」，。

注：輕不鎮重也。失本，謂喪身也；失君，謂失君位也。

校：「謂」——

兩「謂」字聚珍本作「爲」，張太守命撰集註本、《大典》本（紀昀引）並作「謂」，紀昀云：「古適用。」今從集註、大典，以齊注例。

補：「輕天下」——

《韓非子・喻老篇》引作「輕於天下」，意同，此省處所介詞耳。

正：「失根」「失君」——

輔嗣以「喪身」釋「失本」（應爲「失根」），俞樾既言其非矣，其以「失君」爲「失君位」者，亦誤。

范應元《老子道德經古本集註》云：「人主輕忽慢易，則失根本之重。」

吳澄《道德眞經註》云：「有輕而無重，則失其輕之根；有動而無靜，則失其躁之君。」並得其旨。

二十七章

善行無轍迹，

注：順自然而行，不造不始，故物得至而無轍迹也。

補：林希逸《老子口義》云：「善言、善行、善計、善閉、善結五者，皆辟喻也。其意但謂以自然爲道，則無所容力，亦無所著迹矣。聖人雖異於衆人，而混然與之而處，未嘗有自異之心，所以不見其迹也。」

「無轍迹」「無瑕讁」「不用籌策」「無關鍵」「無繩約」皆「若反」「正言」。（詳七十八章）

善言無瑕讁，

注：順物之性，不別不析，故無瑕讁可得其門也。

補：「瑕讁」——

河上公云：「擇言而出，則无瑕疵讁過於天下。」以「瑕」爲玉疵，「讁」爲過責。

高亨《老子正詁》甲云：「瑕讁皆玉疵也。」又云：「無瑕讁，猶言無

疵病。」以「讁」亦「玉疵」。

言而無失過，乃諸家所共善者，何足以譬老子之無爲哉？

「瑕讁」之謂玉，猶上句「轍迹」之謂車，皆言形迹而已，非謂病也；如此乃與他四處相符，亦與下注「不以形制物」同旨。

正：注云：「順物之性。」蓋以「不言之教」（二章）釋此句，唯此章非僅謂教人之言，乃涵蓋素日言行之言也。

善數不用籌策，

注：因物之性，不假形也。

補：「籌策」——

吳澄《道德眞經註》云：「籌策，計算者所用之算，以竹爲之。」

善閉無關楗而不可開；善結無繩約而不可解。

注：因物自然，不設不施，故不用關楗繩約而不可開解也。此五者皆言不造不施，因物之性，不以形制物也。

補：「關楗」——

董思靖《太上老子道德經集解》云：「楗，拒門木也；橫曰關，豎曰楗。」「楗」蓋「楗」之形變。

「繩約」——

「約」亦索也，故河上公云：「不如繩索可得解也。」

正：「不以形制物」——

此五者皆「守母」（五十二章）之喻，自處即然，豈必「制」物乃然？

是以聖人常善救人，故無棄人；

注：聖人不立形名以檢於物，不造進向以殊棄不肖，輔萬物之自然而不爲始，故曰無棄人也。不尚賢能，則民不爭；不貴難得之貨，則民不爲盜；不見可欲，則民心不亂；常使民心無欲無惑，則無棄人矣。

常善救物，故無棄物，是謂襲明。故善人者不善人之師，

注：舉善以齊不善，故謂之師矣。

校：「齊」——

本作「師」，不可解，陶鴻慶《讀老子札記》云：「當作『齊』。下節注云：『善人以善齊不善。』即承此。」

補：「襲明」——

李約《道德眞經新註》云：「內行而外不見。」林希逸《老子口義》云：「和光同塵而與一爲一，故曰襲明。襲者，藏也。」謂「明」而「不顯」也，與下「要妙」同例。

不善人者善人之資，

注：資，取也。善人以善齊不善，不以善棄不善，故不善人善人之所取也。

校：「不以善棄不善」——

本無「不」字，不可解，易順鼎《讀老子札記》以爲當補。

補：「善人之資」——

注云「取」者，所取之資藉也。蓋用必因物，苟無資藉，則無以臻自然之境矣，故下注：「不因於物，其道必失。」

不貴其師，不愛其資，雖智大迷，

注：雖有其智，自任其智，不因於物，其道必失，故曰雖智大迷。

校：「不因於物」——

本作「不因物於」，陶鴻慶《讀老子札記》以「物於」爲倒，當作「不因於物」。

是謂要妙。

補：「要妙」——

「要」，高亨《老子正詁》乙云：「『要』疑當爲『幽』，幽妙猶言深妙也。」以「要」爲「幽」，即深微也。

「妙」，一章注云：「妙，微之極也。」以「妙」爲「微渺」，是。

「要妙」，謂微渺窈深之德，即十五章「微妙玄通」之「微妙」。

二十八章

知其雄，守其雌，爲天下谿；爲天下谿，常德不離，復歸於嬰兒。

注：雄，先之屬；雌，後之屬也。知為天下之先也必後，是以聖人後其身而身先也。谿不求物，而物自歸之；嬰兒不用智，而合自然之智。

補：「復歸於嬰兒」——

此「復歸」與十六章「夫物芸芸，各復歸其根。」不同，非謂離而復返也，亦執守不離耳。蓋能知雄守雌，則必不離常德，故能為天下谿也；既為「谿」矣，尚何「返」之有？五十二章云：「既知其子，復守其母。」又云：「用其光，復歸其明。」「復」與「復歸」皆「執守」之意，與此同。

「未孩」之「嬰兒」（二十章）為人「始制」之「名」（三十二章），為得全道者，故聖人守其德。

知其白，守其辱，為天下谷；為天下谷，常德乃足，復歸於樸。

訂：「知其白」下本有「守其黑，為天下式；為天下式，常德不忒，復歸於無極。知其榮，」二十三字，以「白」「黑」相對，「榮」「辱」相對。易順鼎《讀老莊札記》云：「此章有後人竄入之語，非盡老子原文。《莊子・天下篇》引老聃曰：『知其雄，守其雌，為天下谿，知其白，守其辱，為天下谷。』此老子原文也。蓋本以『雌』對『雄』，以『辱』對『白』。『辱』有『黑』義，儀禮注『以白造緇曰辱』，此古義之可證者。後人不知『辱』與『白』對，以為必『黑』始可對『白』，必『榮』始可對『辱』……以『辱』對『白』，此自周至漢古義，而彼竟不知，其顯然者一也。『為天下谿』、『為天下谷』，『谿』『谷』同意，皆水所歸，『為天下式』，則與『谿』『谷』不倫，湊合成韻，其顯然者二也。」馬敘倫《老子覈詁》云：「『離』借為『漓』。」又云：「『漓』與『足』對，『嬰兒』與『樸』對，間以『忒』與『無極』，亦義不相貫也。又古書『榮辱』，字皆『寵辱』之借，本書上文『寵辱若驚』（案：十三章），不作『榮辱』，此作『榮辱』，亦妄增之證。」高亨《老子正詁》甲云：「『辱』即後世『黷』字，說文作『黷』，訓曰：『握持垢也。』引申即有『黑』義。四十一章曰：『大白若辱。』（案：《傅奕本》、范應元本具作『黷』。）亦『白』『辱』相對，則此以『黑』對『白』，決非老子之舊。」

然則二十三字爲後人所增明矣。《淮南子・道應篇》引老子亦作「知其榮，守其辱，爲天下谷。」者，高氏以爲「榮」乃「白」之改，云：「其文曰：文王砥德脩政三年，而天下二垂歸之，紂聞而患之，拘文王於羑里。文王歸，乃爲玉門，築靈臺，相女童，擊鐘鼓，以待紂之失也。紂聞之，曰：周伯昌改道易行，吾無憂矣。乃爲炮烙，剖比干，剔孕婦，殺諫者，文王乃遂其謀。故老子曰：知其榮、守其辱，爲天下谷。（案此文非淮南子全文，節取耳。）按砥德脩政，非『榮』字之意，乃『白』字之意；白者，其行潔白也。爲玉門云云，非『辱』字之意，乃『黷』字之意；黷者，其行污黷也。文王之放道易行，正《老子》所謂『知其白，守其辱。』也。若然，『榮』本作『白』明矣，是淮南所引與《莊子》所引正同。」緣義理以究其實，堪稱精妙。

注：此三者，言常反，然後乃德全其所處也。下章云：反者道之動也，功不可取，常處其母也。

校：「然後」——

各本俱作「終後」，石田羊一郎校本作「然後」，而未云所據。六十七章注有「然後」，例同。

補：注引四十章「反者道之動」釋此，甚合不「離」（十章）守「母」（五十二章）之旨。

正：王本有上云二十三字，故云三者，實二者而已。

樸散則為器，聖人用之，則為官長，

注：樸，真也。真散則百行出，殊類生，若器也。聖人因其分散，故爲之立官長，以善爲師，不善爲資，移風易俗，復使歸於一也。

正：「聖人用之，則爲官長」——

注以「爲」爲「制立」，「爲官長」謂爲萬物立官長。如此，則「官長」乃非得道者。

李約《道德眞經新註》云：「聖人用道，居群材之上，理化其不明道者。」以「官長」即「聖人」。六十七章云：「我有三寶……不敢爲天下先，故能成器長。」即謂「成物器之官長」也。蓋聖人守樸遵道，足爲眾分制之長也，故下句謂之「大制」。

故大制無割。

校：「無割」——

　　本作「不割」，《釋文》、注並作「無割」，東條弘《老子王注標識》以為王注經文本作「無割」，今據改。

注：大制者，以天下之心為心，故無割也。

正：四十一章云：「大器晚成。」「大器」即此「大制」，以其因自然（司馬光《道德真經論》），故渾全不別，得成全德。注云「以天下心為心」，乃言其用，未切。

二十九章

將欲取天下而為之，吾見其不得已。天下神器，

注：神，無形無方；器，合成也。無形以合，故謂之神器也。

補：「取」——

　　四十八章云：「取天下常以無事。」河上公注云：「取，治也。」故河上公注此章云：「欲為天下主也。」

　　「已」——

　　李約《道德真經新註》云：「已，語助也。」，與二章「已」字，皆同「矣」。

不可為也，不可執也；為者敗之，執者失之。

校：「不可執也」——

　　本無此句，易順鼎《讀老子札記》云：「『不可為也』下當有『不可執也』一句，請舉三證以明之。《文選・于令升晉紀總論》注引《文子》稱」《老子》曰：『天下大器也，不可執也，不可為也；為者敗之，執者失之。』（案：此《文子・道德篇》文。）其證一也。注云：『故可因而不可為也，可通而不可執也。』王注有，則本文可知，其證二。下篇六十四章云：『為者敗之，執者失之。是以聖人無為，故無敗；無執，故無失。』無為即不可為，無執即不可執，彼文有，則此文亦有，其證三。」，今據補。

注：萬物以自然為性，故可因而不可為也，可通而不可執也。物有常性，而造為之，故必敗也；物有往來，而執之，故必失矣。

故物或行或隨，或歔或吹，或強或羸，或載或隳，是以聖人去甚，去奢，去泰。

訂：「載」——

本做「挫」，與「隳」義相類，不合文例，俞樾《老子平議》云：「『挫』河上本作『載』，注曰：『載，安也；隳，危也。』是『載』與『隳』相對爲文，與上句『或強或羸』一律，而王弼本乃作『挫』，則與『隳』不分二義矣。疑『挫』乃『在』字之誤，『在』篆文作『杜』，故誤爲『挫』也。『或在或隳』即『或載或隳』，『載』從『𢦏』聲，『在』從『才』聲，而或亦從『𢦏』聲，州輔碑『𢦏貴不濡』是也。其聲既同，故得通用。」

以「挫」乃「在」之誤，「在」即「載」，可通，唯河上公「安危」之注，則意尚隱晦，故易順鼎《讀老子札記》云：「俞氏據河上本作『或載或隳』……其說是也，然有未盡者。按王作『在』，河上作『載』，皆「栽」之假借字。『在』字州輔碑作『𢦏』，與『栽』『載』皆從『𢦏』，故並相通。『或栽或隳』即禮記中庸所謂『栽者培之，傾者覆之。』」

以「載」即栽培之意，是，故《帛書老子》、傅奕《道德經古本篇》、范應元《老子道德經古本集註》並作「或培或墮」，謂或培益（范應元說），或墮壞（蘇轍《老子解》）也。今姑從河上本，作「載」。

注：凡此諸或，言物事逆順反覆，不施為執割也。聖人達自然之至，暢萬物之情，故因而不為，順而不施。除其所以迷，去其所以惑，故心不亂，而物性自得之也。

補：「故」——

此「故」猶二章之「故」，皆上承果，下起因者。

「或行或隨」——

行謂前行，隨謂後隨。

「或歔或吹」——

易順鼎《讀老子札記》云：「『歔』本字當作『噓』……，亦與『吹』反。《玉篇》口部『噓吹』二字相連，即本《老子》。又引《聲類》云：『出氣急曰吹，緩曰噓。』此『吹噓』之別，即《老子》古義也。《玉篇》又有『呴』字，引《老子》曰：『或呴或吹。』與河上本同，蓋漢

以後俗字。」

河上公注云：「呴，溫也；吹，寒也。」高亨《老子正詁》甲云：「緩吐氣以溫物謂之呴，急吐氣以寒物謂之吹。《莊子‧刻意篇》曰：『吹呴呼吸，吐故納新。』『呼』『吸』相反，『吹』『呴』亦相反，可作此處之例證。王本作『歔』者，『歔』借爲『噓』（按：噓之作歔，猶嘆之作歎，非假借也。）；《說文》『噓』『呴』同訓『吹』，是其義同也。」

是知「噓」、「歔」、「呴」皆「吹」之意，惟寒溫急緩別耳。

「或載或隳」——

載猶栽，隳即墮，見上「訂」。

諸「或」字——

此與二章之相對無常同，謂事物，非謂道也，故須「復歸」乃得「常」焉（十六章）。故五十八章云：「禍兮福之所倚，福兮禍之所伏，孰知其極？其無正。」

「去甚、去奢、去泰。」——

董思靖《太上老子道德經集解》云：「任其自然而不欲使其盈且過也。」

無名氏《道德眞經次解》云：「去甚，惡極也；去奢，惡華也；去泰，惡驕也。」

並得其旨，五十九章云「嗇」，六十九章云「儉」，即此無爲之意。（蔣錫昌《老子校詁》）

三十章

以道佐人主者，不以兵強天下，

　　注：以道佐人主，尚不可以兵強於天下，況人主躬於道者乎？

其事好還。

　　注：爲始者務欲立功生事，而有道者務欲還反無爲，故云其事好還也。

　補：「爲始者」——

　　　二十七注云：「不造不始。」「不設不施。」二十九章注云：「造爲之。」「造」「設」「施」「爲」「始」者，皆不能因任自然之謂。

　正：「其事好還」——

王注以「其事」爲「以道佐人主」之事，「好還」爲「還返無爲」，未合文勢。

「其事」謂「兵」也，李約《道德眞經新註》云：「剋敵之師，師踵未還，已爲所報。」謂「還」爲反報，是。下云「荊棘生焉」，此其報一也。蘇轍《老子解》云：「雖或能勝，其禍必還報之。」蓋欲強則爭，人必報己，此其報二也。

師之所處，荊棘生焉，

校：二句下本有「大軍之後，必有凶年。」八字，馬敍倫《老子覈詁》云：「弼注曰：『言師凶害之物也，無有所濟，必有所傷，賊害人民，殘荒田畝，故荊棘生焉。（按：「故」下脱「曰」字）』是王亦無此兩句。」審今本弼注，居「凶年」下，且但云「荊棘」，知馬說可從。唐景龍二年河北易縣龍興觀《道德經碑》、《敦煌殘卷》（見羅振玉《老子考異》），並無此二句。

嚴可均《老子唐本考異》以此八字爲「注語羼入正文」。

勞健《老子古本考》云：「《漢書・嚴助傳》淮南王安上書云：『臣聞軍旅之後，必有凶年。』又云：『此《老子》所謂師之所處，荊棘生之者也。』按其詞意，軍旅凶年當別屬古語，非同出老子。」

注：言師凶害之物也，無有所濟，必有所傷，賊害人民，殘荒田畝，故曰荊棘生焉。

善者果而已，不敢以取強。

校：「者」字聚珍本作「有」，紀昀云：「《永樂大典》作『者』。」今眾弼注，但藏本作「有」，它皆同大典本，作「者」，俞樾《老子平議》云：「注曰：『果，猶濟也。言善用師者，趣以濟難而已矣。』是其所據本亦作『善者』，故以『善用師者』釋之，今作『善有』，以形近而誤。」

注：果，猶濟也。言善用師者，趣以濟難而已矣，不以兵力取強於天下也。

補：「果」——

「果」與下文「勿矜」「勿伐」「勿驕」「勿強」同，皆七十八章「若反」「正言」，即二十二章「不自伐」故有功，不自矜故長」。「果」猶濟、猶助，即六十七章「不敢爲天下先」之謂。

「不敢以取強」——

李約《道德眞經新註》云：「不以好勝爲心也。」。蓋聖人之師，濟成事物而已，不求強爭勝也，故下云「勿矜」、「勿伐」、「勿驕」。

果而勿矜，果而勿伐，果而勿驕，

注：吾不以師道爲尚，不得已而用，何矜驕之有也。

補：事物成濟，矜伐其勝，此好兵者也，有道者不處，故老子云「勿」。三十一章云：「勝而不美。」此之謂也。

果而不得已，果而勿強；

注：言用兵雖趣以濟難，然時故不得已而後用者，但當以除暴亂，不遂用以爲強也。

校：「趣以濟難」——

本作「趣功果濟難」，陶鴻慶《讀老子札記》云：「『果』字涉經文而衍。」嚴靈峰先生《陶鴻慶老子王弼注勘誤補正》云：「『功』字疑係『以』字形近而誤。上注云：『務欲立功生事。』此言『不得已』；當不可言『趣功』。上注：『言善用師者，趣以濟難而已矣。』正作『趣以濟難』，是此亦當作『以。』」

「而後用者」——

本作「當復用者」，不可解，陶鴻慶云：「『當』字涉下文而衍，『復』爲『後』字之誤。」（同上）嚴靈峯先生云：「『不得已』下當有『而』字，三十章（按當作三十一章）：『不得已而用之。』此當作『不得已而後用者。』」（同上）

「用以爲強」——

「用」下本有「果」字，蓋涉經文衍；此句與上句之憑藉皆在「兵」，有「果」則不成文。

補：「時故不得已而後用者」——

陶鴻慶云：「『時』與『是』，『故』與『固』，皆通用。」（同上）

物壯則老，是謂不道，不道早已。

注：壯，武力暴興，喻以兵強於天下者也。飄風不終朝，驟雨不終日，故暴興必不道早已也。

三十一章

此章經注混在一起，今先錄〔原文〕、〔定文〕於前，再〔校釋〕
於後。

〔原文〕

夫佳兵者，不祥之器。物或惡之，故有道者不處。君子居則貴左，
用兵則貴右。兵者不祥之器，非君子之器。不得已而用之，恬淡
為上，勝而不美，而美之者，是樂殺人；夫樂殺人者，則不可以
得志於天下矣。吉事尚左，凶事尚右，偏將軍居左，上將軍居右，
言以喪禮處之。殺人之眾，以哀悲泣之；戰勝，以喪禮處之。

〔定文〕

夫佳兵者，不祥之器，^{兵者不祥之器，}^{非君子之器。}不得已而用之，恬淡為上。勝而
不美，而美之者，是樂殺人，物或惡之，故有道者不處。^{夫樂殺人者，}^{則 不 可 以}
^{得志於天}^{下 矣。}君子居則貴左，用兵則貴右，^{吉事尚左，}^{凶事尚右。}偏將軍居左，上將軍居
右，^{言以喪禮}^{處 之。}殺人之眾，以哀悲莅之，戰勝，以喪禮處之。

〔案〕

宋元符元年（1098）張太守命撰之集註本，引弼曰：「疑此非老子之作
也。」宋政和五年（1115）晁說之後跋亦云輔嗣知此非老子之言，豈當
時弼注猶存疑語，後之刻者廢之歟？弼惟此章與六十六章無注，後者蓋
易明之故，此殆疑其羼雜，故亦不注乎？

又〔校釋〕諸「注」，皆非弼注；《帛書老子》已如此，其羼誤何其早耶？

〔校釋〕

夫佳兵者，不祥之器，

　　訂：「佳」——

　　　　本作「佳」，不合老子弭兵之旨。

　　　　王念孫《老子雜志》云：「《釋文》：『佳，善也。』河上云：『飾也。』
　　　　念孫案：『善』『飾』二訓皆於義未安……『佳』當作『唯』，字之誤
　　　　也；『唯』，古『唯』字也……八章云：『夫唯不爭，故無尤。』十五

章云：『夫唯不可識，故強爲之容。』又云：『夫唯不盈，故能蔽不新成。』二十二章云：『夫唯不爭，故天下莫能與之爭。』皆其證也。古鐘鼎文『唯』字作『隹』，石鼓文亦然。又夏竦《古文四聲韻》載《道德經》『唯』字作『𧧏』，據此，則今本作『唯』者，皆後人所改；此『隹』字若不誤爲『佳』，則後人亦必改爲『唯』矣！」《帛書老子》作「夫兵」，則『隹』必本字，作語詞可知。

注：兵者不祥之器，非君子之器。

訂：王道《老子億》云：「自『兵者不祥之器』以下，似古義疏語，而傳習之久，混入於經者，詳其文義可見。」紀昀說同。

劉師培《老子斠補》云：「『不祥之器，非君子之器。』二語，必係注文，蓋以『非君子之器』釋上『不祥之器』也。本文當作『兵者不得已而用之』，『兵者』以下九字均係衍文。」唯「兵者」亦注文也（馬敍倫《老子覈詁》）。

「物或惡之……貴右」——

陳象古《道德眞經解》無「物或」兩句，馬敍倫《老子覈詁》云：「《文子・上仁篇》引曰：『兵者不祥之器，不得已而用之。』釋慧皎《高僧傳・八義解論》曰：「『不祥之器，不獲已而用之。』蓋老子本文作『夫唯兵者，不祥之器，不得已而用之。』『物或』兩句，係二十四章錯簡；『君子』兩句，乃下文而錯在上者。」以二十一字爲錯文，是，唯「物或」兩句未必爲二十四章錯文。

「君子」一句，馬氏又云；「當在『不可以得志於天下矣』下，余以爲連「物或」兩句，並在「是樂殺人」下，「得志」二句，則注文也。（詳下「訂」）

今既移「物或……貴右」二十一字至下文，以「兵者不祥之器，非君子之器。」爲注文，則老子「夫隹兵者，不祥之器，不得已而用之，恬淡爲上。」之文，乃經注分明矣！

不得已而用之，恬淡為上。

補：「恬淡爲上」，即三十章「果」而「不敢以取強」，下云「勝而不美」，亦相承之詞。

勝而不美，而美之者，是樂殺人，物或惡之，故有道者不處。

訂：「物或……不處」——

　　「物或」二句，本在章首「不祥之器」下，馬敘倫以爲二十四章之錯
　　簡，移此可也。（見上「訂」），

注：夫樂殺人者，則不可以得志於天下矣。

訂：審三十章之義，知老子不得已而以兵成濟助事物耳，安敢以兵得志天
　　下？此蓋注文，久而羼入經文者。

正：以「不可以得志」釋「樂殺人」，則諸家皆然，何待老子之言？老子此
　　言，蓋云因物順性，不殺不殘，不得已而以兵相賊，雖勝猶悲，故下
　　云「以哀悲蒞之」，「以喪禮處之」，此「不美」「不樂殺」之旨；不若
　　俗之用師，競以殺敵爲尚也。其以勝爲美者，不以殺人爲悲，非「樂
　　殺人」而何？

君子居則貴左，則兵則貴右，

訂：此二句本與「物或」二句在「不祥之器」後，馬敘倫以爲在「得志」
　　句下（見上「訂」），今訂「得志」句爲注文，則此二句仍與「物或」
　　二句相連。

注：吉事尚左，凶事尚右。

訂：二句本亦經文，據馬敘倫覈詁移。

補：河上公注「左」云：「坐位也。」注「右」云：「陰道殺人。」

　　高亨《老子正詁》乙云：「《逸周書・武順篇》：『吉禮左還，順天以立
　　本；武禮右還，順地以利兵。』《詩・裳裳者華》：『左之左之，君子宜
　　之；右之右之，君子有之。』《毛傳》：『左陽道，朝祀之事；右陰道，
　　喪戎之事。』並與《老子》此文相合。」

　　然則吉事尚右，凶事尚右者，以左爲陽道，主生，右爲陰道，主殺歟。
　　君子以兵爲不祥之器，用之視如凶事，故貴右也。

偏將軍居左，上將軍居右，

注：言以喪禮處之。

訂：此本經文，易順鼎《讀老子札記》云：「觀一『言』字，即似注家之語。」
　　蓋注者以此章「末句」爲釋也。

補：君子既兵事爲凶事，若喪之悲，遂以「上」居右，以「偏」居左，因
　　其事成位也。

殺人之眾，以哀悲莅之，戰勝，以喪禮處之。

　　訂：「莅」──

　　　　本作「泣」，蔣錫昌《老子校詁》引羅運賢曰：「『泣』者，『莅』之誤。（六十章：『以道莅天下。』）字當作『竦』，《說文》：『臨也。』『竦之』與下句『處之』正同。」聚珍本六十章作「莅」，與「莅」「莅」形異構，今姑作「莅」。

三十二章

道常無名，樸雖小，天下莫能臣也，侯王若能守之，萬物將自賓，

　　注：道無形不繫，常不可名，以無名為常，故曰道常無名也。樸之為物，以無為心也，亦無名，故將得道者，莫若守樸。夫智者可以能臣也，勇者可以武使也，巧者可以事役也，力者可以重任也，樸之為物，憒然不偏，近於無有，故曰莫能臣也。抱樸無為，不以物累其真，不以欲害其神，則物自賓而道自得也！

　　正：「無名」──

　　　　「名」非「名號」，乃「形跡」之謂，見一章「正」。

　　　　「樸雖小」──

　　　　注云「近於無有」，非，三十七章云「無名之樸」，則「樸」亦「無」也。河上公云：「道樸雖小，微妙無形。」

天地相合以降甘露，民莫之令而自均。

　　注：言天地相合，則甘露不求而自降，我守其真性無為，則民不令而自均也。

　　補：「均」──

　　　　林希逸《老子口義》云：「民之在天下，自生自養，莫不均平，誰實使之，自然之道也。」以「均」為「平」。

　　正：「天地相合以降甘露」──

　　　　注以「自賓」者在「降露」，未切，當謂「天地相合」也。司馬光《道德眞經論》云：「侯王守道，則物服氣和民化。」

始制有名；名亦既有，夫亦將知止，知止所以不殆。

校：「所以不殆」——

　　「所以」聚珍本作「可以」，諸王本皆作「所以」，易順鼎《讀老子札記》云：「注云：『故知止所以不殆也。』則王本亦作『所』矣。」

注：始制，謂樸散始為官長之時也。始制官長，不可不立名以定尊卑，故曰始制有名也。過此以往，將爭錐刀之之末，故曰名亦既有，夫亦將知止也。遂任名以號物，則失治之母也，故曰知止所以不殆也。

校：「始制有名」、「知止所以不殆」上，本皆無「曰」字，依例補。

正：「始制有名」——

　　注以「始制有名」，為樸散始為官長之時，立名分以定尊卑，未當。

　　下云「知止」，謂止於此境，此輔嗣亦知之也，故云「過此以往」。苟此境為設官立名之時，則「不殆」「長久」（四十四章）其可能乎？王注蓋引二十八章「樸散則為器，聖人用之，則為官長。」注此文，唯輔嗣兩處皆未得其旨。（參見二十八章）

　　「始制」，謂「樸」「始」「散」「為器」之時，此「始」，即一章之「有」，六十四章「慎終如始」之「始」，為形跡之初顯，而不失全道者；於人，則謂之「嬰兒」也。（詳一章「正」）。

　　三十七章云：「化而欲作，吾將鎮之以無名之樸。」「化」即「止」於「始」而不亂，「作」則須有「樸」以「鎮」之，乃能不「離」（十章），故云「復歸其根」「妄作凶」（十六章）。

譬道之在天下，猶川谷之與江海。

校：「與」——

　　聚珍本作「於」，道藏本作「與」，易順鼎《讀老子札記》云：「注云：『猶川谷之與江海也。』是本文『於江海』當作『與江海』。」今從藏本。

注：川谷之求江與海，非江海召之，不召不求而自歸者也。行道於天下者，不令而自均，不求而自得，故曰猶川谷之與江海也。

校：「自歸者也」——

　　「也」本作「世」，不可解，陶鴻慶《讀老子札記》以為「也」之形誤，是。

補：此謂萬物之自賓於道，猶川谷之自歸江海也。

三十三章

知人者智，自知者明；

　　注：知人者智而已矣，未若自知者超智之上也。

勝人者有力，自勝者強；

　　注：勝人者有力而已矣，未若自勝者無物以損其力。用其智於人，未若用其智於己也；用其力於人，未若用其己也。明用於己，則物無避焉；力用於己，則物無改焉。

　　補：「避」「改」——

　　　　四十九章注云：「夫以明察物，物亦競以其明避之；以不信求物，物亦競以其不信應之。夫天下之心不必同，其所應不敢異，則莫肯用其情矣。」又云：「無所察焉，百姓何避？無所求焉，百姓何應？無避無應，則莫不用其情矣！」所謂「莫肯用其情」者，即「避」「改」其情，以「應」人之「察」「求」也。

知足者富，

　　注：知足自不失，故富也。

強行者有志，

　　注：勤而行之，其志必獲，故曰強行者有志矣！

　　校：「而」本作「能」，義乖，疑音近而誤。四十一章「上士聞道，勤而行之。」注云：「有志也。」足相參照。

不失其所者久，

　　注：以明自察，量力而行，不失其所，必獲久長矣。

　　補：葉德輝輯葉夢得《老子解》云：「所者，人之所安也。人之所安，莫大於道。《易》曰：『艮其止。』止其所也。」

死而不亡者壽

　　注：雖死而以為生之道不亡，乃得全其壽，身沒而道猶存，況身存而道不卒乎？

　　正：注以「不亡」為「道猶存」，即「壽」之意；既云「不亡」，復云「壽」，無奈以「果」證「果」乎？

以上諸句皆合功果而言，此不當僅就果言「亡」也。

「亡」猶「失」，「死而不亡」，謂至死而持守不失於道也。「壽」猶上句之「久」，「死而不亡者壽」，謂固守於道，至死不離者，可以長久也。

三十四章

大道氾兮，其可左右。

注：言道氾濫無所不適；可左右上下周旋而用，則無所不至也。

萬物恃之而生而不辭，功成而不有，衣養萬物而不為主，常無欲，可名於小；

校：「功成而不有」——

本作「功成不名有」，「名」字不可解，易順鼎《讀老子札記》云：「《辨命論》注（案：見《文選注》）引作『功成而不有』……下又連引王注，則所引爲王本無疑。」

馬敍倫《老子覈詁》云：「參校各本，知《老子》本文作『功成而不有』，『名』『有』二字形近，一本譌爲『名』，校者以他本作『有』，旁注『名』字下，傳寫譌入經文。」

高亨《老子正詁》甲云：「二章曰：『功成而弗居。』七十七章曰：『功成而不處。』文意句法竝同，此『有』與『右』『辭』爲韻，則《文選》所引是也。」

蔣錫昌《老子校詁》云：「『不有』二字，見二章、十章、五十一章，可知爲老子習用之詞。」

注：萬物皆由道而生，既生而不知其所由，故道常無欲之時，之下萬物各得其所，若道無施於物，故名於小矣。

校：「故道常無欲……無施於物。」——

本作「故天下常無欲之時，萬物各得其所，若道無施於物」，「天下常無欲之時」不可解，疑「天下」當在「萬物」之上，「常無欲」上當有「道」字，如此，乃合經文之旨。

補：「可名於小」——

名，描容也；於，通「爲」（馬敍倫《老子覈詁》）；小，無形迹之可見

也（董思靖《太上老子道德經集解》）。

萬物歸焉而不知主，可名於大。

校：「不知主」——

聚珍本作「不爲主」，乃上文「小」之意，與下文「大」不合。紀昀云：「『爲』《大典》作『知』。」范應元《老子道德經古本集註》亦作「知」，且云：「王弼、司馬公同古本。」馬敘倫《老子覈詁》云：「弼注曰：『萬物皆歸之以生，而力使不知其所由。』則王作『萬物歸之而不知主』。」。

「名於大」——

聚珍本「於」作「爲」，《大典》作「於」，與注同，意雖通，今從注作「於」。

注：萬物皆歸之以生，而力使不知其所由，此不爲小，故復可名於大矣！

補：大者，謂其周「氾」不可知也，六十七章云：「天下皆謂我道大，似不肖。」以其大不可知，故似不肖也。董思靖《太上老子道德經集解》云：「萬物交往而莫窺其相量之限，故恢恢焉而無形體之可即，亦大之至矣。此所以汎兮其可左右也。」

蓋道之用，自道之無欲不主而言，則可謂之小，自物之莫知自然而言，則可謂之大也。

以其終不自爲大，故能成其大。

注：爲大於其細，圖難於其易。

正：注以六十三章之文釋此文，未當；彼言施爲之法則，此言施爲之心志，不可同列而語也。

河上公云：「聖人法道，匿德藏名，不爲滿大。」二章云：「夫唯弗居，是以不去。」七章云：「後其身而身先，外其身而身存。」並皆此意。

三十五章

執大象，天下往；

注：大象，天象之母也。不炎不寒，不溫不涼，故能包統萬物，無所犯傷，主若執之，則天下往也。

校：「不炎不寒」——

　　本無「不炎」二字，嚴靈峰先生《陶鴻慶老子王弼注勘誤補正》云：「《老子微旨例略》云：『不溫不涼，不宮不商。』又云：『若溫也，則不能涼矣；宮也，則不能商矣。』又云：『不炎不寒，不柔不剛。』又云：『無皦昧之狀，溫涼之象。』是王文常以『不溫不涼』、『不炎不寒』各自連文。是『不炎』二字當在『不寒』之上（案陶氏以之在『不涼』之上）；其文當作『不炎不寒，不溫不涼』也。」

補：「天象」——

　　《老子微旨例略》云：「無形無名者，萬物之宗也；不溫不涼，不宮不商。」又云：「象而形者，非大象也。」是知輔嗣以「大象」為無形之象，亦道之常象也。

往而不害，安平太。

注：無形無識，不偏不彰，故萬物得往而不害妨也。

補：「不害」——

　　上文注云：「包統萬物，無所犯傷。」謂不害妨萬物也。

樂與餌，過客止，道之出口，淡兮其無味，視之不足見，聽之不足聞，用之不足既。

校：「出口」——

　　諸王本並作「出口」，陶鴻慶《讀老子札記》云：「《傅奕本》，『出口』作『出言』，『兮』作『兮』，據注云：『道之出言，淡然無味。』而二十三章『希言自然』，注亦云：『下章言道之出言，淡兮其無味也。』似其所見本與傅同也；豈『言』字闕壞為口歟？」范應元《老子道德經古本集註》亦作「出言」，並云：「王弼同古本。」則王本固作「出言」也，唯作「言」恐非《老子》之舊，見下「訂」。

　　「兮」——

　　本作「乎」，據二十三章注改，見上「校」。

訂：今檢眾本，多作「言」，河上公注、李約《道德真經新註》，唐景福二年河北易縣龍興觀《道德經碑》、司馬光《道德真經論》、至元二十七年陝西盩厔縣樓觀台《道德經碑》，蘇轍《老子解》等並作「口」，考

　　　下文「味」「視」「聽」「用」之言，苟作「出言」，便不得解，今仍作
　　「出口」。（參見下「正」）

注：言道之深大，人聞道之言，乃更不如樂與餌應時感悅人心也。樂
　　與餌，則能令過客止，而道之出言，淡然無味。視之不足見，則
　　不足以悅其目；聽之不足聞，則不足以娛其耳；若無所中，然乃
　　用之不可窮極也。

正：「道之出口」——
　　王弼作「出言」，然「言」固無味不可聞見也，何足特書？況云「用之」？
　　不知「言不盡用」之意何存也。
　　一章云：「眾妙之門。」十章云：「天門開闔。」「口」猶「門」也，「出
　　口」謂「周行」（二十五章）而出也。余培林先生《新譯老子讀本》云：
　　「而道顯現出來，卻是淡而無味；它沒有形體，看也看不到；沒有聲
　　音，聽也聽不到；可是卻取之不竭，用之不盡。」連下文並以釋「道」
　　之顯現，即三十四章「萬物歸焉而知主」之意。

三十六章

將欲歙之，必固張之；將欲弱之，必固強之；將欲廢之，必固興
之；將欲奪之，必固與之；是謂微明。

注：將欲除強梁，去暴亂，當以此四者因物之性，令其自戮，不假刑
　　為大，以除強物也，故曰微明也。與其張，令之足，而又求其張，
　　則眾所歙也。與其張之不足，而改其求，張者愈益，而己反危。

校：「以除強物」——
　　「強」本作「將」，不可解，上云「將欲除強梁」，疑此亦當作「強」，
　　「將」者音近，又涉經文而誤也。
　　「與其張」——
　　本作「足其張」，則下句「令之足」便嫌複沓；注又云：「與其張之不
　　足。」與此意、文並似，今據改。

補：「不假刑為大」——
　　刑，猶形也。二十七章注云：「因物之數，不假形也。」又云：「因物

之性，不以刑制物也。」又云：「聖人不立形名，以檢於物。」知弼注「形」「刑」同旨，謂形制也。

「與其張」──

與，助也。

「張之」「強之」「興之」「與之」──

諸語讀《老子》者多視如詐術，實不然。

「張之」「強之」「興之」「與之」者，皆「若反」「正言」（七十八章）蓋亦「歙己」「弱己」「廢己」「奪己」之「無為」而已，故下云「柔弱」。此「柔弱」非權謀之陽柔陰剛，亦非如權謀者汲汲以目標為念也，蓋皆順乎「自然」而已。五十二章云：「既知其子，復守其母。」於「子」不逐不棄，此心唯在其「母」耳。

唯此理雖「明」，亦甚精微，故云「微明」也。

柔弱勝剛強，魚不可脫於淵，國之利器，不可以示人。

注：利器，利國之器也。唯因物之性，不假刑以理物，器不可覩，而物各得其所，則國之利器也。示人者，任刑也；刑以利國，則失矣。魚脫於淵，則必見失矣；利國器而立刑以示人，亦必失也。

補：諸「刑」字──

皆同「形」，謂形制，見上「不假刑於大」「補」。

「不可以示人」──

注以「利器」在因性而不假刑，猶魚之居其所而不離，故不可以示人，即三十五章「道之出口，淡兮其無味。」之「不可知」，乃「無為」妙旨。若乃云為藏利器不使人知，則是權謀矣！

三十七章

道常無為，

注：順自然也。

補：「無為」「無不為」連文，一言法則，一言結果。《老子》書之「若反」「正言」（七十八章），皆「無為」之意；「無為」者「無妄為」也。（參見十六章）。

唯欲「無為」須先「觀」以知「勢」，並以「無心」「孩之」（「孩」同「咳」），詳見二章。

而無不為，

注：萬物無不由之以始以成也。

校：本作「萬物無不由為以治以成之也」，東條弘《老子王注標識》云：「『治』當作『始』，一章注及二十一章注並足證。」一章注云：「道以無形無名始成萬物，以始以成，而不知其所以然。」二十一章注云：「萬物以始以成，而不知其所以然。」

惟改「治」為「始」，注仍難解，嚴靈峰先生《陶鴻慶老子王弼注勘誤補正》云：「『為』字疑涉經文『無不為』而衍，元文當作『萬物無不由之以始以成也。』」今據移。

侯王若能守之，萬物將自化；化而欲作，吾將鎮之以無名之樸。

注：化而欲作，欲成也。吾將鎮之以無名之樸，不為主也。

校：「欲成也」——

「欲」上本有「作」字，蓋涉上而衍。

「以無名之樸」——

本無「以」字，宇惠《王注老子道德經》以為當有，東條弘《老子王注標識》則云舊刻有「以」，今據補。

補：「化」為「始制」之「有」，為保道之全者；「作」則過「化」而往，或將「離」（十章）道，故須以「樸」「鎮」之，使不「離」，或使「復歸」（十六章）也。（參見一章、十六章、三十二章「正」）

正：「鎮之以無名之樸」——

名亦形也。注云「不為主」，重在存心，非此句之旨，見上「補」。

鎮之以無名之樸，夫亦將無欲，

訂：「鎮之以」三字本無，不知「樸」何以使天下自定，高亨《老子正詁》乙以為當有，《隸本帛書老子》正然。

注：無欲競也。

補：此謂聖人雖以「樸」鎮物之「作」，然須「無欲」，以任物之自然也；章首云「無為」，下文云「自定」，皆同旨。

不欲以靜，天下將自定。

　　補：五十七章云：「我無爲而民自化，我好靜而民自正，我無事而民自富，
　　　　我無欲而民自樸。」與此同。

下　篇

三十八章

上德不德，是以有德；下德不失德，是以無德。上德無為而無不為，下德為之而有不為；上仁為之而無以為，上義為之而有以為，上禮為之而莫之應，則攘臂而扔之。故失道而後德，失德而後仁，失仁而後義，失義而後禮。夫禮者，忠信之薄，而亂之首；前識者，道之華，而愚之始。是以大丈夫處其厚，不居其薄，處其實，不居其華，故去彼取此。

校：「上德無為而無不為」——

「無不爲」本作「無以爲」，俞樾《老子平議》云：「『無不爲』與『無以爲』，似無所區別。下文云：『上仁爲之而無以爲。』夫『無爲』與『爲之』，其義迥異，而同言『無以爲』，其不可通明矣。《韓非子・解老篇》作『上德無爲而無不爲也』，蓋古本《老子》如此，今作『無以爲』者，涉下『上仁』句而誤耳。《傅奕本》正作『不』。」

范應元《老子道德經古本集註》作「无不爲。」且云：「此句韓非、王誗、王弼、郭雲、傅奕同古本。」馬敍倫《老子覈詁》云：「弼注云：『故能有德而無不爲。』又云：『故下德爲之而無以爲者（案：「而」下脫「有不爲也，」），無所徧爲也。（案：「徧」當作「偏」，見下「校」。）』是范謂王同古本是也。」

蓋王本正作「上德無爲而無不爲」，故釋「上德」者，以「無不爲」爲

旨也。且其「無以爲」之注，置「下德」之下，「上仁」之列。

「下德為之而有不為」——

「有不爲」本作「有以爲」，注亦同，陶鴻慶《讀老子札記》云：「『下德爲之而有以爲』，『以』字亦當作『不』，與上句反正互明……注云：『下德求而得之，爲而成之，則立善以治物，故德名有焉。求而得之，必有敗焉；善名生，則有不善應焉；故下德爲之而有以（『以』當作『不』）爲也。』此正釋經文『有不爲』之義。注又云：『凡不能無爲，而爲之者，皆下德也，仁義禮節是也。』然則經云『下德』，即包『上仁』『上義』『上禮』言之，下文云：『上仁爲之而無以爲，上義爲之而有以爲，上禮爲之而莫之應，則攘臂而仍之。』三句義各有當，若此句作『有以爲』，則與『上義』句無所區別，而與『上仁』『上禮』諸句不相融貫矣。……疑王氏所見本，正作『有不爲』，今作『有以爲』者，涉『上義』而誤，注又沿經文之誤也。」

注云：「至於無以爲，極下德之量，上仁是也。」知絕不作「下德爲之而有以爲」，以亂「上仁」「上義」二句之義。

注：（案：此注甚長，今依經析其段落，以資辨別。）

德者，得也。常得而無喪，利而無害，故以德為名焉。何以得德，由乎道也；何以盡德，以無為用；以無為用，則物莫不載也。故無焉，則無物不經；有焉，則不足以勉其生。是以天地雖廣，以無為心；聖王雖大，以虛為志。故曰以復而視之，則天地之心見，日以反而視之，則先王之志覩也。故滅其私而無其身，則四海莫不瞻，遠近莫不至，殊其己而有其身，則一體不能自全，肌骨不能相容。是以上德之人，唯道是用，不求而得，不為而成，故雖有德，而無德名也。不德其德，無執無為，故能有德而無不為。下德求而得之，為而成之，則立善以治物，故德名有焉。求而得之，必有失焉；為而成之，必有敗焉；善名生，則有不善應焉，故下德為之而有不為也。

（案：以上注「上德……是以無德。」）

無以為者，無所偏為也。凡不能無為，而為之者，皆下德也，仁義禮節是也。將明德之上下，輒舉下德以對上德，至於無以為，

極下德之量，上仁是也；足及於無以為，而猶為之焉，故有為之之患矣。本在無為，母在無名，棄本而用其末，捨母而適其子，功雖大焉，必有不濟；名雖美，偽亦必生。不能不為而成，不興而治，則乃為之，故有弘普博施，仁愛之者，而愛之無所偏私，故上仁為之而無以為也。

（案：以上注「上仁爲之而無以爲」）

愛不能兼，則有抑抗正直，義理之者；忿枉祐直，助彼攻此，事而有心以為物矣，故上義為之而有以為也。

（案：以上注「上義爲之而有以爲」）

直不能篤，則有游飾修文，體敬之者；尚好修敬，校責往來，則不對之間，忿怒生焉，故上禮為之而莫之應，則攘臂而扔之。

（案：以上注「上禮……扔之。」）

夫大之極也，其唯道乎，自此已往，豈足尊哉？故雖德盛業大，富有萬物，猶各得其德，未能自周也，故天不能為覆，地不能為載，人不能為贍。萬物雖貴，以無為用，不能捨無以為體也；捨無以為體，則失其為大矣，所謂失道而後德也。

（案：以上注「失道而後德」）

以無為用，得其母，故能己不勞焉，而物無不理，下此已往，則失用之母，不能無為而博施，不能博施而貴正直，不能正直而貴飾敬，所謂失德而後仁，失仁而後義，失義而後禮也。

（案：以上注「失德……而後禮。」）

夫禮也，所始首於忠信不篤，通簡不暢，責備於表，機微爭執。夫仁義發於內，為之猶偽，況務外飾而可久乎？故夫禮者，忠信之薄，而亂之首也。

（案：以上注「夫禮者……亂之首。」）

前識者，前人而識也，即下德之倫也。竭其聰明以為前識，役其智力以營庶事，雖得其精，姦巧彌密，雖豐其譽，愈喪篤實；勞而事昏，務而治薉，雖竭聖智，而民愈害。舍己任物則無為而泰；守失素樸，則不順典制，耽彼所獲，棄此所守，故前識者，道之華，而愚之首。

（案：以上注「前識者……愚之始。」）

故苟得其為功之母，則萬物作焉而不辭也，萬事存焉而不勞也。用不以形，御不以名，故仁義可顯，禮敬可彰也。夫載之以大道，鎮之以無名，則物無所尚，志無所營，各任其真，事用其誠，則仁德厚焉，行義正焉，禮敬清焉。棄其所載，舍其所生，用其成形，役其聰明，仁其偽焉，義其競焉，禮其爭焉。故仁德之厚，非用仁之所能也；行義之正，非用義之所成也；禮敬之清，非用禮之所濟也；載之以道，統之以母，故顯之而無所尚，彰之而無所競。用夫無名，故名以篤焉，用夫無形，故形以成焉；守母以存其子，崇本以舉其末，則形名俱有而邪不生，大美配天而華不作，故母不可棄，本不可失。仁義，母之所生，非可以為母，形器，匠之所成，非可以為匠也；捨其母而用其子，棄其本而適其末，名則有所分，形則有所止，雖極其大，必有不周，雖盛其義，必有患憂，功在為之，豈足處也。

（案：以上注「是以大丈夫……去彼取此。」）

校：「以無為用，則物莫不載。故無焉，則無物不經，」——

本作「……則莫不載。故物無焉……」，波多野太郎《老子王注校正》以為「物」字當在「則」下「莫」上，今據移。

「有焉，則不足以勉其生。」——

「勉」本作「免」，不可解，疑本作「勉」，奪「力」遂成「免」也。

「以虛為志」——

「志」本作「主」，觀此兩句，「天地」、「聖王」為主語，「廣」「大」同誼，「虛」「無」並立，則「主」當作「志」，與上句「心」相應也。

「故日以復而視之，則天地之心見；日以反而視之，則先王之志覩也。」——

本作「故日以復而視，則天地之心見，至日而思之，則先王之至覩也。」「故日」不合王注之例，岡田贇校王注本作「日」，與下「日」相對，今據改。（見下）

兩「至」字不可解，波多野太郎引藤澤東畡門生曰：「或曰『至日』之『至』衍。」下「至」字波多野太郎以為「志」之音譌，「天地之心」

與「先王之志」相對（《老子王注校正》）；蓋「志」誤作「至」，「日」上復因其誤而衍「至」字也。

「視」下應有「之」字，與下注相對。（見下）

「日而思之」，「思」與「覿」不對，波多野太郎引大槻如電云：「『思』字疑『視』，以同音誤」。

又『日』『而』間，或云脫『以反』二字（波多野太郎引藤澤東畡門生），考之文式文義，知可從。「日以反而視之」，「日以復而視之」，正相對爲文。

「殊其己而有其身」——

「身」本作「心」，未切。上注「私」「身」對，則此亦當「己」「身」對；「私」「己」「身」，皆所謂之「一體」「肌骨」也。下注云：「仁德之厚，非用人之所能也。」四章注云：「執一家之量者，不能全家。」皆下注「崇本以舉其末」之意，此「有其身」，猶言「執一身之量者不能全身」也。

「不求而得……無德名也。」——

諸語本在「故能有德而無不爲」下，審上文不可私己之義，當與求成逐名相連，苟介以「無不爲」數語，便不暢矣。況經先言「不德」，後言「無不爲」，注不當反是；下文釋「下德」，即依經文之序，先「不失德」，後「有不爲」也。今移置「唯道是用」下，以順文勢。

「無執無為」——

「無爲」本作「無用」，不成旨，蓋涉上「唯道是用」而誤，今改之。

「有不為」——

本作「有以爲」，陶鴻慶以爲當作「有不爲」（見經文「有不爲」「校」）。

「無所偏為也」——

「偏」聚珍本作「徧」，張太守命撰《集註》、道藏本、集唐字本、岡田贇本，范應元《老子道德經古本集註註》引並作「偏」，東條弘《老子王注標識》云：「聚珍版作『徧』，不若作『偏』之爲愈也。……下文『無所偏私』……與『無所偏爲』，均是釋『無以爲』，而句法亦同，則其意固當無異。」下文釋「上仁」云「弘普博施」，即此之謂。

「極下德之量」——

「德」下聚珍本有「下」字，不可解，集註本無，陶鴻慶以爲衍，今刪。

「故有爲之之患矣」——

本作「故有爲爲之患矣」，不成辭，下「爲」字當作「之」，涉上「爲」而誤也。

又此句下本有「爲之而無以爲」句，與上下文意不接，疑標註者羼入。

「棄本而用其末，捨母而適其子。」——

本作「棄本捨母而適其子」，《釋文》作「舍本」。盧文弨《老子音義考證》云：「今王注作『捨母』，案此下今王注有脫文。上云：『本在無爲，母在無名。』下云：『捨母而適其子。』則上句當云『棄本而逐其末。』脫四字。又下云：『捨其母而用其子，棄其本而適其末。』仍作『捨母』。」下文既「適」「用」互用，則此亦當如之，作「棄本而用其末」也。五十二章注云：「不舍本以逐末。」「逐」「適」「用」並互文也。

「抑抗正直，義理之者。」——

聚珍本「直」作「眞」，集註本作「直」，波多野太郎引服部南郭云：「『正眞』據後語當作『正直』。」考下文「不能無爲而貴博施，不能博施而貴正直，不能正直而貴飾敬，所謂失德而後仁，失仁而後義，失義而後禮也。」之言，知當作「直」。

又「義」上本有「而」字，與上文「故有弘普博施，仁愛之者。」下文「則有游飾修文，禮敬之者。」不類，波多野太郎據而從毅甫之疑，定爲衍文。

「事而有心以爲物矣」——

本作「物事而有以心爲矣」，難解，疑「物」字當在「爲」下，「有心以」復涉「有以爲」而倒作「有以心」。「有心以爲物」，即上句「忿枉祐直，助此攻彼」，謂私愛正直，攻抑枉邪也。

「故雖德盛業大，富有萬物。」——

聚珍本無「德」字，失「失道而後德」之旨，近藤元粹《王注老子標釋》云：「舊本誤脫『德監』之『德』字。」遂據各本補「德」字。

「富」下聚珍本有「而」字，集註本無，宇惠考訂注云：「『富而』之『而』疑衍。」波多野太郎《王注校正》云：「《易・繫辭》上：『盛德

大業至矣哉，富有之謂大業，日新之謂盛德。』《易・復卦》王弼注：『然則天地雖大，富有萬物，雷動風行，運行萬變，寂然至无。』……宇說可从。」今從刪。

「猶各得其德……人不能為贍。萬物雖貴，」——
聚珍本無「而未能自周也」以下二十四字，而《釋文》出「贍」於「敬校」「治穢」（案即下文「治薉」）間，遂失所據矣，東條弘《老子王注標注》以其為脫誤，今從各本補。

「捨無以為體」——
句上本有「不能」二字，不可解，古屋昔陽疑其衍（波多野太郎引）。

「得其母」——
「得」本作「德」，意難通，宜作「得」。（波多野太郎引古屋昔陽。）

「通簡不暢」——
「暢」聚珍本作「陽」，不可解，集註本作「暢」，波多野太郎以集註本為是，今從之。

「雖得其情」——
「得」聚珍本本作「德」，集註作「得」，服部南郭以為當作「得」，今從之。

「守失素樸」——
「失」本作「夫」，東條弘《老子王注標識》云：「『夫』當作『失』，誤闕一畫，遂致霄壤。」
波多野太郎《老子王注校正》云：「一堂是也，『夫』『失』形似相混……『典制』，法制也。……蓋弼之誼謂，失樸棄母，則雖形名，民不遵，其治不得也。下注：『守母以存其子，崇本以舉其末，則形名俱有而邪不生。』」蓋輔嗣固非欲去典制，順其自然耳，苟作「夫」，不惟「不順典制」費解，下文道華愚首之意亦不可得矣。

「耽彼所獲」——
「耽」本作「聽」，而《釋文》出「耽」字於「治薉」「行」間，失其所據。波多野太郎引服部南郭曰：「『聽』恐耽。」並云：「『耽』『聽』形類而誤。耽彼所獲，謂忿前識之聰。」雖二字可通，作「耽」意切，今從之。

「故前識者」——

本但作「識」字，東條弘《老子王注標識》疑「識」上脫「故前」二字，余謂「識」下更脫「者」字也；「故前識者」，與上文「故夫禮者」，皆依經爲文。

「故仁義可顯」——

「故」下聚珍本有「名」字，集註本、集唐字本俱無，東條弘以爲衍誤。

「各任其眞」——

「眞」本作「貞」，宇惠以爲當作「眞」，東條弘以爲形近而訛。

「仁其偽焉」——

本作「仁則誠焉」，桃井白鹿《老子評注》云：「『則』當作『其』。」蓋三句相對也。

「誠」字意乖，波多野太郎引服部南郭云：「『誠』疑『偽』。」東條弘《老子王注標識》云：「『誠』當作『偽』，即上云：『名雖美焉，偽亦必生。』及『仁義發於內，爲之猶偽。』是也。」

「母不可棄」——

「棄」本作「遠」，《釋文》如之，並云：「一本作『弃』。」波多野太郎《老子王注校正》云：「『遠』字一本作『弃』是也；『弃』古文『棄』字。上注『棄本』『舍母』（案：『舍』聚珍本作『捨』。），下注『舍其母而用其子，棄其本而適其末。』並可證。又五十二章注『不舍本以逐末也。』」今從改。

補：「去彼取此」——

「彼」「此」者，非以文位之遠近分，以離「道」之遠近定也，見十二章。

「崇本以舉其本」——

王弼此注千餘文，一言以蔽之，曰：「崇本以舉其末」而已，唯五十七、五十八二章注皆云：「崇本以息末。」《老子微旨例略》亦云：「老子之書，其幾乎可一言而蔽之，噫，崇本息末而已。」於「末」也，一則「舉」，一則「息」，何耶？

「息末」者，言致用之法也。《老子》云：「大丈夫處其厚，不居其薄；

處其實，不居其華。」此輔嗣「崇本息末」之意，故注云：「用不以形，御不以名。」謂用則守道執樸，不依憑形制也。「崇本以息末」之「以」，猶「而」也。

「舉末」者，言致用之果也。十一章云：「有之以爲利，無之以爲用。」五十二章云：「既得其母，以知其子；既知其子，復守其母。」此輔嗣「崇本以舉其末」之旨，故注云：「守母以存其子，崇本以舉其末，則形名俱有而邪不生。」又云：「仁德之厚，非用仁之所能也；行義之正，非用義之所成也；禮敬之清，非用禮之所濟也。」蓋此形制，不可執末以爲用，須棄末守本也，故云「崇本以舉其末」，「以」猶「用」也。苟以「舉末」亦致用之法，則「崇本」乃猶《論語・八佾篇》「禮後乎」之意，行「禮」必先實「仁義」而已，雖去末之名，未離末之實也，非《老子》之旨。

進而言之，二語可以併爲「崇本息末以舉其末」，謂「無爲而無不爲」（四十八章）也。

三十九章

昔之得一者，

　　注：昔，始也。一，數之始而物之極也。

　　校：注「數之始而物之極也」下，本有「各是一物之生所以爲主也……故皆裂發歇竭滅蹶也。」數語，審其義，當在下文「侯王無以爲貞將恐蹶」下，詳下「校」。

　　補：「一」——

　　　　輔嗣云：「一，數之始而物之極也。」猶釋「妙」曰「微之極也」（一章）蓋取數之始乎微，以象物之始乎微（一章）而已，故云「物之極」，非謂數能生物也，此猶二十二章注「一，少之極也。」

　　　　「一」者，謂「混一」之「道體」也，見四十二章。

　　正：「昔」——

　　　　注云：「始也。」戶崎淡園以爲迂回不可從（波多野太郎《老子王注校正》引）。河上公云：「昔，往也。」。

天得一以清，地得一以寧，神得一以靈，谷得一以盈，萬物得一

以生，侯王得一以為天下貞；其致之一也。

校：「一也」——

聚珍本無此二字，孫鑛評本有之，馬敘倫《老子覈詁》引陶方琦曰：「王注：『各以其一致此清寧靈盈生貞。』蓋王本有『一也』二字。」

注：各以其一致此清寧靈盈生貞。

補：「貞」——

李約《道德眞經新註》云：「貞，正也。」故各本或作「正」；四十五章云：「清靜為天下正。」與此同。

吳澄《道德眞經註》云：「為天下貞，猶曰為民極也。」

「貞者」，正也，極則也；二十二章云：「聖人抱一為天下式。」「貞」亦「式也。

天無以清將恐裂，

注：用一以致清耳，非用清以清也；守一則清不失，用清則恐裂也。故為功之母，不可舍也；是以皆無用其功，恐喪其本也。

地無以寧將恐發，神無以靈將恐歇，谷無以盈將恐竭，萬物無以生將恐滅，侯王無以為貞將恐蹶。

訂：「為貞」——

本作「貴高」，范應元《老子道德經古本集註註》作「為貞」，云：「古本如此。」不云：「弼同古本。」豈輔嗣所見本已作「貴高」歟？

奚侗《老子集解》云：「『為貞』河上王弼本均作『貴高』，與上數句文例不合，誼亦違謬。『貞』『貴』形近，因『貞』誤作『貴』，又涉下『貴高』句增『高』字，而刪『為』字。」考傳奕《道德經古本篇》亦作「為貞」，蓋本當如此也。

注：一，物之主，所以為生也。物皆各得此一以成，既成而舍以居成，則失其母，故皆裂發歇竭滅蹶也。

校：此下本無注，數語在首句注下，蓋錯置也。

「一，物之生所以為主也。」——

本作「各是一物之生所以為主也」，波多野太郎《老子王注校正》云：「此句疑有誤，宜作『一，物之主，所以為生也。』『各是』二字恐衍，

『各』字涉下注『物皆各得此一』而衍也。『生』『主』形似而誤。…
四十二章注：『故萬物之生，吾知其主。』」

「則失其母」——

句上本重「居成」二字，「居成」遂成「必然」之勢矣；考文意，此乃
「將然」「或然」之謂耳，重之乃失「復歸」（十六章）之旨。

補：「發」——

董思靖《太上老子道德經》以爲「震發」，「不寧」之謂也。

**故貴以賤爲本，高以下爲基，是以侯王自謂孤寡不穀，此其以賤
爲本耶，非乎？故致數譽無譽，不欲琭琭如玉，珞珞如石。**

校：「致數譽無譽。」——

「譽」聚珍本作「輿」，義不可知，紀昀云：「兩『輿』字河上公注本
作『車』，《釋文》作『輿』，原本誤作『譽』，今據《釋文》校。」
東條弘《老子王注標識》云：「《釋文》明云：『譽，逸注反，毀譽也。』
不見作『輿』之文，宇本圈外所載是已。宇本所載，即通志堂刻本，
固多譌脱，因檢盧文弨參校本及考證，亦皆無此文，豈聚珍版所據釋
文，或是內府本藏邪？欽定四庫全書總目提要曰：『《經典釋文》三十
卷，內府藏本。』此爲通志堂刻本，則內府所藏，與宇本所載，豈得
有異哉？蓋均稱通志堂刻本，而剞劂流傳，或有異同，亦不可知也。
盧氏考證未之及，故錄以資考鏡。」
檢通志堂本《釋文》，亦作「譽」，與宇惠本同，豈眞有內府藏本之異
哉？抑所據實《大典》本耶？集註本、藏本並作「譽」，今從張本之舊，
作「譽」。

注：清不能爲清，盈不能爲盈，皆有其母以存其形；故清不足貴，盈
不足多，貴在其母。而母無貴形，貴乃以賤爲本，高乃以下爲基，
故致數譽乃無譽也。玉石琭琭珞珞，體盡於形，故不欲也。

校：「故致數譽乃無譽也」——

兩「譽」字聚珍本作「輿」，集註本、藏本、孫鑛評本並作「譽」，今
據改，見上「校」。

補：「致數譽無譽」——

致，得也。（董思靖《太上老子道德經集解》）數，多也。（邵若愚《道

德眞經直解》）致數譽無譽，謂欲得致多譽，須以無譽處之也，猶注所
云「貴乃以賤爲本，高乃以下爲基」也。

正：「琭琭如玉」、「珞珞如石」——

注云二者皆「體盡於形」，雖合「母無貴形」之旨，然非「琭」「珞」
之意也。

「琭」，亦作「淥」「碌」「祿」；珞，亦作「落」，並通。李約《道德眞
經新註》云：「碌碌，貴貌也；落落，賤貌也。」邵若愚《道德眞經直
解》云：「琭琭如玉之譽者。」又云：「珞珞如石之毀也。」吳澄《道
德眞經註》云：「琭琭粹美者之爲玉，珞珞礧惡者之爲石。」並得其旨。
此蓋承「致數譽無譽」而言，故不處琭玉之美，寧居珞石之惡也。

四十章

反者道之動，

注：高以下爲基，貴以賤爲本，有以無爲用，此其反也。動皆知其所
無，則物通矣，故曰反者道之動也。

補：此句與下句皆十一章「有之以爲利，無之以爲用。」之謂，皆「知其
雄，守其雌。」（二十八章）之意，故注云：「高以下爲基，貴以賤爲
本，有以無爲用。」與下文「天下萬物生於有，有生於無。」正相契
合。

下句「弱」與「強」相對，殆無疑義，此句「反」若與「正」相對，
則易視此句爲「循環反覆」；謂動之至極，必「反」向而動，往覆不止，
乃不知何以爲「常」矣。（參見十六章）

察弼注「動皆知其所無」之言，其「知子」「守母」（五十二章）之意
甚明，知輔嗣以「反」爲「返」，謂不「離」（十章）本也。

「反」與「弱」皆「若反」之「正言」（七十八章），即不「離」（十章）
不「強」（三十章）也。

《後漢書・王允傳》云：「夫內視反聽，則忠臣竭誠；寬賢矜能，則義
士屬節。」「內視反聽」之義雖取儒家，其語用則與此同，謂「省察自
己」，「不外求」以亂視聽也。苟以「反」與「正」相對，則非僅與「內
視」之例不合，其義亦乖異。

弱者道之用；

　　注：柔弱同通，不可窮極。

天下萬物生於有，有生於無。

　　注：天下之物，皆以有為生，有之所始，以無為本，將欲全有，必反
　　　　於無也。

　　補：「有」「無」並見一章。

四十一章

上士聞道，勤而行之，

　　注：有志也。

中士聞道，若存若亡；下士聞道，大笑之，不笑不足以為道。故
建言有之：

　　注：建，猶立也。

　　補：「若存若亡」——

　　　　李約《道德眞經新註》云：「聞之而疑猶，可教也使知道也。」蓋悟道
　　　　未明，信乃不篤，行則弗堅，故或存之，或亡之也。

　　　　「大笑之」——

　　　　河上公云：「下士……見道柔弱，謂之恐懼；見道質朴，謂之鄙陋，故
　　　　大笑之。」

明道若昧，

　　注：光而不耀。

　　補：「若昧」以下至「無名」諸語，皆七十八章「若反」之「正言」。

進道若退，

　　注：後其身而身先，外其身而身存。

夷道若纇，

　　注：纇，坳也。大夷之道，因物之性，不執平以割物，其平不見，乃
　　　　更反若纇坳也。

補：「纇」——

注云「坲」也，審注「其平不見，乃更反若纇坲」之文，則輔嗣於「坲」蓋取「不平」之義也。

《經典釋文》出「內」字，云：「如銳反，又若對反。」盧文弨《老子音義考證》云：「王注：『纇，坲也。』不作『內』。《說文》無『坲』字，以音求之，當與『凷』（案：《說文》以此爲『塊』之本字）『塊』字同。『若對』疑當作『苦對』」字惠考訂注云：「『坲』集韻『苦對』切，音塊，蓋與『塊』通。」然則盧氏之說是矣。

東條弘《老子王注標識》云：「『坲』與『塊』同……此注取其不平之義，故解『纇』爲『坲』也。《說文》：『纇，絲節也。』」

易順鼎云：「凡有節不平之處，謂之纇。」

上德若谷，

注：不德其德，無所懷也。

大白若辱，

注：知其白，守其黑，大白然後乃得。

補：「辱」，污也，通「黷」。（《說文訓定聲》）《義禮・士昏禮》「今吾子辱」，注云：「以白造緇曰辱。」「緇」者黑帛也。

廣德若不足，

注：廣德不盈，廓然無形，不可滿也。

建德若偷，

注：偷，亡也。建德者因物自然，不立不施，故若偷亡。

校：兩「亡」字——

本作「匹」，不可解，疑本作「亡」，以其或作「亾」，形近而誤作「匹」也。蓋輔嗣以「建」爲「立」，故解「偷」爲「亡」，以與「立」相對也，非是，見下「正」。

正：凡此諸語，首字皆所以修飾次字者，此「建」字不當獨作「動詞」。俞樾《老子平議》云：「『建』當讀爲『健』。《釋名・釋言語》曰：『健，建也，能有所建爲也。』是『建』『健』音同而義亦得通也。」是。蔣錫昌《老子校詁》云：「『偷』爲『愉』之假。《禮記・坊記》注：『言不

愉于死亡。』《釋文》：『「愉」本作「偷」。』《公羊・桓七年傳》注：『則
民不愉。』《釋文》：『「愉」本作「偷」。』是爲『愉』『偷』二字古時通
假之證。《集韻》：『「愉」或从（案：當作「作」）「婾」。』故廣、傅二
本均作『婾』，是亦『偷』當作『愉』之證。《說文》：『愉，薄也。』」
是。

「建德若偷」，謂「厚」（五十四章）健之德，乃若薄弱然也。

質眞若渝。

注：質眞者不矜其眞，故若渝。

校：「若渝」──

本無「若」字，波多野太郎《老子王注校正》引服部南郭云：「『故』
下疑脫『若』字。」並按云：「上注『若纇坳也』，『故若偷匹』（按當
作「亡」），並可證。」今據補。

補：吳澄《道德眞經註》云：「質眞皆實也，猶云實之實也。渝，不守信也。
必守信而後爲實，實之實者，反若渝而不信。」

「質眞若渝」，亦如他句文例，首字爲形容詞，次字爲名詞，謂質實之
眞反若渝變不信也。

大方無隅，

注：方而不割，故無隅也。

大器晚成。

注：大器成天下，不持分別，故必晚成也。

校：「分別」──

「分」本作「全」，陶鴻慶《讀老子札記》以爲當作「分」，波多野太
郎《老子王注校正》云：「『分』『全』形似而誤，陶說是也。……『分
別』者，猶言『別析』；二十章注『心無所別析。』『無所別析，不可
爲名。』『分別，別析也。』二十七章注『不別不析。』」今據改。

補：陳柱《老子選註》云：「『晚』者，『免』之借；『免成』，猶言『無成』，
與上文之『無隅』，下文之『希聲』『無形』一例。」既知與「希聲」
一例，則知「晚」未必借爲「免」也。

十四章云：「視之不見名曰幾，聽之不聞名曰希，搏之不得名曰微，此

三者不可致詰。」十五章云：「古之善爲道者，微妙玄通，深不可識。」凡此「幾」「希」「微」「妙」者，皆以「少」而作「無」意也，然則此「晚」字，自亦可作「無」解，未必「免」之借也。（參見七十八章「正言若反」）

大音希聲，

注：聽之不聞名曰希；大音，不可得聞之音也。有聲則有分，有分則不宮則商矣。分則不能統眾，故有聲者非大音也。

校：「大音，不可得聞之音也。」——

本無「大音」，陶鴻慶《讀老子札記》以爲當有。

「不宮則商矣」——

「則」本作「而」，義謂有商無宮，不合分別之旨；觀下注，「不溫則涼，不炎則寒」，作「則」爲是。

「不宮則商」，即《老子微旨例略》「分則有不兼」，下注「不能統眾」之謂。以「布農族」「八部合音」之不固定於十二平均律推之，其理益明。

大象無形，

注：有形則有分，有分者不溫則涼，不炎則寒，故象而形者非大象。

校：「不溫則涼」——

「涼」本作「炎」，東條弘《老子王注標識》云：「顏延之《應詔讌曲水作》詩注引『不溫則炎』，作『不溫則涼』，《列子‧天瑞篇》注引同。」嚴靈峰先生以爲當改，三十五章注云：「不炎不寒，不溫不涼。」對文與此同。

道隱無名。夫唯道，善貸且善成。

校：「善成」——

本無「善」字，范應元《老子道德經古本集註註》有之，並云：「嚴遵、王弼同古本。」奚侗《老子集解》云：「觀王弼注語，知今本落一『善』字。」。

注：凡此諸大，皆是道之所成也；在象則爲大象，而大象無形；在音則爲大音，而大音希聲。物以之成，而不見其形，故隱而無名也。貸之非

－120－

唯供其乏而已，一貸之則足以永終其德，故日善貸也。成之不如機匠
之裁，無物而不濟其形，故日善成。

校：「諸大」——

「大」本作「善」，東條弘《老子王注標識》云：「『諸善』當作『諸大』，
指『大象』『大音』『大器』等而言。……『諸大』又見四十五章注。」
考經文「夫唯道善貸且善成」，注文「皆是道之所成」，則所成者非「善」
乃「大」明矣！

「不見其形」——

「形」上聚珍本有「成」字，集註本無，波多野太郎《老子王注校正》
云：「據上注『廓然無形。』『有形則有分。』下注『無物而不濟其形。』
六章注『谷以之成而不見其形。』『欲言存邪，則不見其形；欲言亡邪，
萬物以之生。』十四章注『欲言無邪，而物由以成；欲言有邪，而不見
其形，故日無狀之狀，無物之象也。』集註是也。蓋此『成』字涉上『物
以之成』之『成』字而衍也。」

正：「名」——

形也，見一章。

四十二章

道生一，一生二，二生三，三生萬物；萬物負陰而抱陽，沖氣以
為和。人之所惡，唯孤寡不穀，而王公以為稱；故物或損之而益，
或益之而損。

注：萬物萬形，其歸一也。何由致一？由於無也。由無乃一，一可謂
無。已謂之一，豈得無言乎？有言有一，非二如何？有一有二，
遂生乎三；從無至有，數盡乎斯，過此以往，非道之流。故萬物
之生，吾知其主，雖有萬形，沖氣一焉；百姓有心，異國殊風，
而王侯得一者主焉。以一為主，一何可舍？愈多愈遠，損則近之；
損之至盡，乃得其極。既謂之一，猶乃至三，況本不一，而道可
近乎？損之而益，益之而損，豈虛言也。

校：「王侯得一者主焉」——

本作「得一者王侯主焉」，陶鴻慶《讀老子札記》以為「王侯」當在句

首，今從移。

「益之而損，豈虛言哉。」——

本無「益之而損」四字，陶鴻慶以爲當補（同上），審注意，知陶說可從。

正：本章與一、十四、二十一章，以及十六、三十二、三十七章，共同建構具體之生化系統，茲先表列如下，以利參考了解。

「天下萬物生於有，有生於無。」（四十章）

────────── 無 ──────────→ 有

一　「道之爲物，惟恍惟惚……惚兮恍兮，其中有象。」（二十一章）

「視之不見名曰幾……故混而爲一……是謂無狀之狀，無象之象……是謂惚恍。」（十四章）

常形　「大象無形」（四十一章）

「名可名，非常名。」（一章）

「道可道非常道」（一章）

常　「道生之，德畜之，物形之，勢成之。」（五十一章）

道　「視之不見名曰幾，聽之不聞名曰希，搏之不得名曰微，此三者不可致詰，故混而爲一。」（十四章）

「道可道非常道」（一章）

「質眞若渝。」（四十一章）

常質　「搏之不得名曰微……故混而爲一。」（十四章）

「道之爲物，惟恍惟惚；恍兮惚兮，其中有物……窈兮冥兮，其中有精。」（二十一章）

一 ──────→ 二 ──────→ 三

「道生一，一生二，二生三，三生萬物；萬物負陰而抱陽，沖氣以爲和。」（四十二章）

（左側竪排）「有物混成，先天地生……字之曰道」（二十五章）

（右側）萬物

「道常無名……始制有名。名亦既有，夫亦將知止，知止不殆。」（三十二章）

「道常無爲而無不爲，侯王若能守之，萬物將自化；化而欲作，吾將鎭之以無名之樸。」（三十七章）

「致虛極，守靜篤，萬物並作，吾以觀其復。夫物芸芸，各復歸其根；歸根曰靜，靜曰復命，復命曰常。知常曰明，不知常，妄作凶。」（十六章）

「道生一」——

「一」，注云「沖氣一焉」，由「無」致「一」，非是；蓋「一」「二」「三」言其質，「無」「有」言其形也。（詳見一章「正」）

「道生一，一生二，二生三，三生萬物，萬物負陰而抱陽，沖氣以爲

和。」「一」者，謂未別「陰」「陽」之「常質」也，猶一章未析「無」「有」之「常名」也。

蓋「常道」「混」不可「道」，謂之「沖」（四章），謂之「大」（二十五章）者，皆各執一偏而言言之耳；言其「質」「形」者亦然，其「常」殆「混」不可述焉，故皆以「一」代之也。

二十一章云：「道之爲物，惟恍惟惚；恍兮惚兮，其中有物；惚兮恍兮，其中有象；窈兮冥兮，其中有精。」「精」「象」「物」者，「常名」「常質」之謂也。

至十章云：「載營魄抱一，能無離乎？」二十二章云：「聖人抱一爲天下式。」三十九章云：「天得一以清，地得一以寧……。」者，言體道也，謂之「常質」抑「常名」皆可，蓋二者本皆謂「常道」，唯所見不一耳。唯二者亦皆一偏之稱，非即「常道」也。

道生一者，謂自「質」言之，「常道」有「混一」之「常質」存也。

「一生二」——

注云：「有言有一，非二如何？有一有二，遂生乎三，從無之有，數盡乎斯，過此以往，非道之流。」取數以譬道之不可遠益，雖佳，然強類「一」「二」「三」於「無」「有」，復不得其詳，則有待商榷也。至謂數過「三」則非道，止於「三」則「道」，亦不知所據爲何。

河上公云：「一生陰與陽也。」「一」生「二」者，謂「一」之「常質」可以「陰」「陽」判之，猶「常名」得以「無」「有」析之也。

「二生三」——

「三」者，「陰」「陽」二氣並「沖氣」也。然此「沖氣」，非在「陰」「陽」之外，實含二者沖而和者。蓋「一」「二」「三」本皆同體，唯全別之異稱耳。（詳下「沖氣以爲和」「正」）

「三生萬物」——

沖氣既成，萬物乃因其調和陰陽而生矣。

「沖氣以為和」——

注但云「沖氣一也」，而四章注云：「沖而用之，又復不盈。」是以「沖氣」爲「虛氣」，「一」之謂也。

誠如王說，則「三」將何謂也？吳澄《道德眞經註》云：「一氣，沖氣。……

陰陽二氣合沖氣一氣爲三，故曰生三，非二與一之外別有三也。」苟以「沖氣」爲「一」之謂，則乃「陰陽」之所以生，則與「二」生「三」，先「陰」「陽」乃有「沖氣」不符。

李約《道德眞經新註》云：「三者，陰陽相感通，而生和氣也。」高亨《老子正詁》甲云：「說文：『沖，涌搖也，从水中聲。』廣雅釋詁曰：『爲，成也。』沖氣以爲和者，言陰陽二氣，涌搖交通，以成和氣也。」，並云「三者，陰氣、陽氣、和氣也。」以又與「萬物負陰而抱陽，沖氣以爲和。」之語法不類，此句之主語爲「萬物」，「萬物」搖通陰陽而生之「和氣」，何得爲「生萬物」之三耶？

蔣錫昌《老子校詁》云：「『氣』，指陰陽之精氣而言；『和』者，陰陽精氣互相調也。……『沖氣以爲和』，言搖動精氣以爲調和也。」以「和」爲「調和」，是，可惜，其以「沖氣」爲「搖動精氣」，遂不知「三」爲何物。

「沖」者，涌搖感通也，爲「形容詞」；「沖氣」，謂涌搖感通之氣也。「和」者，「調和」也，如蔣氏之說，爲「動詞」。

「沖氣以爲和」，猶言「以沖氣爲和」，謂萬物既負陰抱陽，復資此涌搖感通之氣以爲調和，而後始生萬物也。

人之所教，我亦教之；

注：我之教，非強使人從之也，而用夫自然，舉其至理，順之必吉，違之必凶。故人相教違之，自取其凶也，亦如我之教人勿違之也。

校：「我之教」——

本無「教」字，陶鴻慶《讀老子札記》以爲當有。

正：輔嗣釋「人」爲眾人，遂謂此句爲人我皆在教人，惟人教使違之，我教使順之則異，故下注云：「人相教爲強梁，則必如我之教人不當爲強梁也。」不知其言宗旨何在？

「人」猶二十章「人之所畏」之「人」，河上公二十章注云：「道人。」此兩句謂我亦仿「道人」立教也。吳澄《道德眞經註》云：「人之所教，教以用弱，我亦以此教之。」

以「我」仿「道人」，故「我」亦皆「道者」之謂也，二十章、五十三章、五十七章、六十七章、七十章皆有此用法。

強梁者不得其死，吾將以為教父。

注：強梁則必不得其死，人相教為強梁，則必如我之教人不當為強梁
　　也。舉其強梁其死以教耶，若云順吾教之必吉也，故得其違教之
　　徒，適可以為教父也。

正：父，猶本也。（董思靖《太上老子道德經集解》）兩句意謂以「強梁不
　　得其死」為立教之本也。（吳澄《道德眞經註》）。

四十三章

天下之至柔，馳騁天下之至堅；

注：氣無所不入，水無所不經。

校：「不經」──
　　本作「不出於經」，不可解，馬敘倫《老子覈詁》引陶方琦云：「王弼於
　　上句注曰：『氣無所不入，水無所不出於經。』『出於』二字，應是經文
　　誤入注中者。」

出於無有，入於無間；吾是以知無為之有益。

校：「出於無有」──
　　本無「出於」二字，據陶方琦說移注文於此。

訂：「入於無間」──
　　本無「於」字，今既校上句作「出於無有」，則此句宜如《淮南子・原
　　道篇》引，及傅奕《道德經古本篇》、范應元《老子道德經古本集註註》，
　　增「於」字。

注：虛無柔弱，無所不通，無有不可窮，至柔不可折，以此推之，故
　　知無為之有益也。

補：「出於無有，入於無間。」──
　　此蓋另言以謂「無」者，上句言其「質」之「至柔」，此言其「形」之
　　「至虛」。（「無」「有」見一章）范應元云：「道則出於无有，洞貫金石，
　　可入於无間隙者矣。」

不言之教，無為之益，天下希及之。

補：「不言」亦七十八章「若反」「正言」，謂不「妄」（十六章）言也。

四十四章

名與身孰親？

注：尚名好高，其身必疏。

補：牟子《理惑論》云：「妻子財物，世之餘也；清躬無爲，道之妙也。《老子》曰：名與身孰親？身與貨孰多？」蓋自持無爲，不外求馳之謂也。故四十六章弼注云：「知足知止，無求於止，各修其內而已。」

身與貨孰多？

注：貪貨無厭，其身必少。

補：蘇轍《老子解》云：「貴身而賤貨。」以「多」爲「貴」，亦無爲不逐之意。

得與亡孰病？

注：得名利而亡其身，何者爲病也？

校：「名利」——

「名」本作「多」，意不切，魏源《老子本義》、馬其昶《老子故》引王注「多」並作「名」，波多野太郎《老子王注校正》以爲當作「名」，作「多」者，蓋形近而誤，嚴靈峰先生《陶鴻慶老子王弼注勘誤補正》云：「上文注：『尚名好高，其身必疏。』『貪貨無厭，其身必少。』正以『名』『利』與『身』對言，當據改。」

是故甚愛必大費，多藏必厚亡。

注：甚愛不與物通，多藏不與物散，求之者多，攻之者眾，爲物所病，故大費厚亡也。

補：東條弘《老子王注校正》云：「『求之者』，『之』指『愛』；『攻之者』，『攻』指『藏』。」攻，猶治也。求之者多，攻之者眾，謂用以求所愛、治所藏者眾多也，故下云「爲物所病」，蓋役於物而傷亡也。

知足不辱，知止不殆，可以長久。

補：止者，止於身，不外逐名利也。董思靖《太上老子道德經集解》云：「惟審乎內外之分，則知止知足，而無得失之患，故能安於性命之常，亦何殆辱之有？所以可長久也。」又云：「此章明去僞全眞，則可久也。」得三十二章「名亦既有，夫亦將知止。」之諦矣。

殆，危殆也。（十六章注）

四十五章

大成若缺，其用不弊；

注：隨物而成，不為一象，故若缺也。

補：「缺」——

河上公作「欼」，雖不知所以然，惟同「缺」字則十分明確。河上公注云：「毀欼不備。」與「成」相反也。

「弊」——

「弊」當與「缺」意類，殘敗也。河上公云：「弊盡。」蓋敗則將盡也。

「若缺」——

「若缺」連下文「若沖」……「若訥」皆「若反」「正言」（詳七十八章）。

大盈若沖，其用不窮；

注：大盈充足，隨物而與，無所愛矜，故若沖也。

正：注以「與」之遍滿釋「大盈」，自限「一象」，與「大盈」宗旨不符。老子意甚明，無須就用途言其「盈」也。

大直若屈，

注：隨物而直，直不在一，故若屈也。

補：「在一」猶前注「一象」，謂顯現於某限定之域也。

大巧若拙，

注：大巧因自然以成器，不造為異端，故若拙也。

大辯若訥；

注：大辯因物而言，己無所造，故若訥也。

靜勝躁，寒勝熱，清靜為天下正。

訂：本作「躁勝寒，靜勝熱。」「躁」與下文「清靜」不合。

蔣錫昌《老子校詁》云：「此文移作『靜勝躁，寒勝熱。』二十六章；

『靜爲躁君。』『靜』『躁』對言。」又云：「《廣雅‧釋詁》三：『躁，擾也。』《一切經音義》十四引《國語》賈注：『躁，擾也，亦動也。』是『躁』乃擾動之義，正與『靜』字相反。『靜勝躁，寒勝熱。』言靜可勝動，寒可勝熱也。二句詞異誼同，皆所以喻清靜無爲勝於擾動有爲也。」

蓋「寒」著靜性，「熱」抱動因，故云「寒」勝「熱」，亦下文「清靜」之旨。

注：躁然後能勝寒，靜無爲以勝熱，以此推之，則清靜爲天下正也。靜則全物之真，躁則犯物之性，故清靜乃得如上諸大也。

校：「躁然後能勝寒」——

聚珍本作「躁罷然後勝寒」，觀下文「躁則犯物之性」，知「罷」字於此不得解。張太守命撰集註作「躁然後能勝寒」，義可通；「罷」蓋「能」之誤，且錯置也。

正：「靜勝躁，寒勝熱。」——

王弼本「躁勝寒，靜勝熱。」作注，以爲「凡物動則熱，靜則生寒，故人當寒時，則躁動可以勝寒，人當熱時，則寧靜可以勝熱，常於其反而勝之；然則天下之躁熱甚矣，我以清靜鎮，方可以爲天下正也。」（陳柱《老子選註》）誠如其言，躁熱以勝寒，靜復勝躁熱，則欲勝「寒」者，必先「躁」以「犯物之性」，復「靜」以「全物之真」方可，恐「勝寒」之功未致，躁熱之害已不可救矣！眞清靜以行者，豈待資毒而後止毒哉？況「寒」固性「靜」，「躁熱」以「動」之，依《老子》書判之，亦不知其「勝」何謂也。依蔣錫昌說，改作「靜勝躁，寒勝熱。」則義自通矣。（見上「訂」）

「正」——

林希逸《老子口義》云：「所以爲天下之正，猶曰爲天下之式也。」（二十二章云：「聖人抱一爲天下式」。）

四十六章

天下有道，卻走馬以糞；

注：天下有道，知足知止，無求於外，各修其內而已，故卻走馬以糞

田也。

校：「以糞田」——

聚珍本作「以治田糞」，義乖，張景陽《七命》注引王弼曰：「天下有道，修於內而已，故卻走馬以糞田。」魏源《老子本義》引王弼亦作「以糞田」，波多野太郎《老子王注校正》云：「魏源所據，合七命注，是也。」「治」殆讀弼注者之旁注，羼入正文者。

補：「卻走馬以糞」——

卻，退也；走馬，行於途之馬（具見李約《道德真經新註》）；糞，治也（河上公注）。《韓非子・解老篇》云：「凡馬之所以大用者，外供甲兵而內給淫奢也。今有道之君，外希用甲兵，而內禁淫奢；上不事馬於戰鬥逐北，而民不以馬遠通淫，物所積力唯田疇必且糞灌，故曰：『天下有道，卻走馬以糞也。』」不用甲兵，內事田疇者，即老子此語之旨，謂「無求於外」，而「修其內」也。

「卻走馬」亦「若反」「正言」（七十八章），不「妄」（十六章）進也。

天下無道，戎馬生於郊。

注：貪欲無厭，不修其內，各求於外，故戎馬生於郊也。

補：生，猶出現、留止也。李約新註云：「好攻戰，侵人土地，所以士不解鞍，長在境上。」馬從戎事於郊，不役於田也。

罪莫大於可欲，禍莫大於不知足，咎莫大於欲得，故知足之足，常足矣！

訂：弼本無「罪莫大於可欲」一句，各本多有之。俞樾《老子平議》據《韓非子・解老篇》「禍莫大於可欲」，以爲《老子》當有此句，惟「禍」乃「罪」之誤耳。易順鼎《讀老子札記》云：「是也。鼎按《韓非子・喻老篇》亦引此文，正作『罪莫大于可欲，禍莫大于不知足，咎莫憯于欲得。』」

補：「罪莫大於可欲」——

言可欲之類，其罪最大也。（《韓非子・解老篇》）

「咎」——

災也。（范應元《老子道德經古本集註註》）。

四十七章

不出戶，知天下；不闚牖，見天道；

> 注：事有宗，而物有主，途雖殊而其歸同也，慮雖百而其致一也。道
> 有大常，理有大致，執古之道，可以御今，雖處於今，可以知古
> 始，故不出戶闚牖而可知也。

> 校：「其歸同」——
> 聚珍本作「同歸」，集註本作「歸同」，波多野太郎《老子王注校正》
> 云：「集註是也。此注兩句相對，『同歸』亦宜與下句『其致一』相對，
> 作『其歸同』。」

其出彌遠，其知彌少。

> 注：無在於一，而求之於眾也。道，視之不可見，聽之不可聞，搏之
> 不可得，如其知之，不須出戶，若其不知，出愈遠愈迷也。

> 校：「搏」——
> 聚珍本作「搏」，《釋文》作「搏」，當從後者，見十四章。

是以聖人不行而知，不見而名，

> 注：得物之致，故雖不行，而慮可知也；識物之宗，故雖不見，而是
> 非之理可得而名也。

> 補：「名」，通「明」，觀注可知。
> 「不行」，不必行於天下也；「不見」，不待窺牖也。（李約《道德眞經
> 新註》）

不為而成。

> 注：明物之性，因之而已，故雖不為，而使之成矣。

四十八章

為學日益，

> 注：務欲進其所能，益其所習。

為道日損，

注：務欲反虛無也。

校：二十章注云：「下篇爲學者日益，爲道者日損。」東條弘以爲王本當有「者」輔嗣引用是否盡如原文未可知，其意無別，今姑仍舊。

補：「損」者「損」其「離」（十章）於「道」者，使「復歸其根」（十六章）也。

損之又損，以至於無爲；無爲而無不爲。

注：有爲則有所失，故無爲乃無所不爲也。

取天下常以無事，

注：動常因也。

校：五十七章注云：「上章云：『其取天下者，常以無事。』」「天下」下有「者」字；未必原文照引，今亦不改，參見前「爲道日損」「校」。

補：取，治也，見二十九章。

及其有事，

注：自己造也。

不足以取天下。

注：失統本也。

校：五十七注云：「上章云：……又不足以取天下也。」「不足」前有「文」字，今仍其舊，參見前「爲道日損」「校」。

四十九章

聖人常無心，以百姓心爲心，

訂：「常無心」本作「無常心」，唐景龍二年河北易縣龍興觀《道德經碑》作「無心」，《隸本帛書老子》作「恒无心」，張純一《老子通釋》云：「當作『常無心』。」嚴靈峰先生《老子章句新編》以爲作「常無心」義長。

《老子》固云「有」，皆謂結果，此既言聖人之法則，苟當作「無常心」，則是「有心」，與「無爲」之旨不合，宜作「常無心」。

注：動常因也

善者吾善之，不善者吾亦善之，

　　注：各因其用，則善不失也。

　　補：司馬光《道德眞經論》云：「彼雖不善，吾自爲善以接之，不失其善矣。」
　　　　蓋聖人因任無心，遵道以行，不以人之善、不善，改其接應之方也。

德善；

　　注：無棄人。

　　補：德，得也。（二十三章注）。以其不殊善不善，具以善相待，故無棄人
　　　　也。二十章云：「唯之與阿，相去幾何？善之與惡，相去何若？」此其
　　　　「無心」也，即下文「渾其心」也。

**信者吾信之，不信者吾亦信之，德信。聖人在天下，歙歙為天下
渾其心；百姓皆注其耳目，**

　　校：今聚珍本無「百姓皆注其耳目」，而釋文出「注」字，畢沅《老子道德
　　　　經考異》云：「據陸德明《釋文》應有，諸本皆有。」李約《道德眞經
　　　　新註》俞樾《老子平議》亦據注以爲當有。

　　　　劉國鈞《老子王弼注校記》云：「予以故宮博物院圖書館見進呈之聚珍
　　　　本，用墨補書此七字，可見張之象本原有此句，聚珍本於排印時偶脫去，
　　　　遂致沿誤。」

　　注：各用聰明。

　　補：「歙歙為天下渾其心」──

　　　　歙，收斂也（范應元《老子道德經古本集註》）。河上公曰：「聖人爲天
　　　　下百姓渾濁其心，若愚闇不通也。」以其「若不通」，故無別善不善、
　　　　信不信，悉待之以善信也。

　　　　「百姓皆注其耳目」──

　　　　注云：「各用其聰明。」蓋言任智而注目傾耳，以察別是非（釋德清
　　　　《老子道德經解》）；辨別之心既起，趨避乃生，百姓亦因之而各見善
　　　　惡信不信矣。

聖人皆孩之。

　　注：皆使和而無欲，如嬰兒也。

　　　　夫天地設位，聖人成能，人謀鬼謀，百姓與能；能者與之，資者

取之，能大則大，資貴則貴，物有其宗，事有其主，如此，則可冕旒充目而不懼於欺，黈纊塞耳而無戚於慢，又何為勞一身之聰明，以察百姓之情哉？

夫以明察物，物亦競以其明避之，以不信求物，物亦競以其不信應之。夫天下之心不必同，其所應不敢異，則莫肯用其情矣；甚矣，害之大也，莫大於用其明矣。

夫任智則人與之訟，任力則人與之爭；智不出於人，而立乎訟地，則窮矣；力不出於人，而立乎爭地，則危矣！未有能使人無用其智力乎己者也，如此，則己以一敵人，而人以千敵己也。若乃多其法網，煩其刑罰，塞其徑路，攻其幽宅，則萬物失其自然，百姓喪其手足，鳥亂於上，魚亂於下。

是以聖人之於天下，歙歙焉，心無所主也，為天下渾心焉，意無所適莫也。無所察焉，百姓何避；無所求焉，百姓何應；無避無應，則莫不用其情矣！人無舍其所能，而為其所不能，舍其所長，而為其所短，如此，則言者言其所知，行者行其所能，百姓各皆注其耳目焉，吾皆孩之而已。

校：「百姓與能」——

「能」下聚珍本有「者」字，集註本無，桃井白鹿子評王注疑其衍。

「以其明避之」「以不信求物」——

「避」本作「應」，「求」本作「察」，陶鴻慶《讀老子札記》據下文「無所察焉，百姓何避，無所求焉，百姓何應。」改之。

「任智」「任力」——

兩「任」字本作「在」，從易順鼎《讀老子札記》改。

「舍其所能」——

「舍」上本有「為」字，不成辭，蓋衍。

補：「冕旒充目，而不懼於欺；黈纊塞耳，而無戚於慢。」——

《漢書・東方朔傳》云：「冕而前旒，所以蔽明；黈纊充耳，所以塞聰。」顏師古注云：「黈，黃色也；纊，綿也。以黃緜為丸，用組縣之於冕，垂兩耳旁，示不聽。」蓋渾心不恃聰明也。

正：「聖人皆孩之」──

　　注謂聖人使百姓各用其情，不飾智力，如嬰兒然，非。

　　十章云：「專氣致柔，能嬰兒乎？」二十章云：「我獨泊兮其未兆，如嬰兒之未孩。」是《老子》守「嬰兒」不守「孩」也；今以「嬰兒」釋「孩」，失之矣！

　　馬敘倫以「孩」借爲「咳」，乃「兼咳」之義，王淮《老子探義》云：「聖人皆兼而取之（以百姓心爲心）。」即首句「常無心」之意。

　　蓋聖人「無心無爲（渾其心）」（王淮說），故能不殊善不善，無別信不信，兼而容之，各因其情，施以治教也；二十七章云：「不善人者，善人之資。」此之謂歟？

五十章

出生入死，

　　注：出生地，入死地。

生之徒十有三，死之徒十有三，人之生，動之死地，亦十有三；夫何故，以其生生之厚。蓋聞善攝生者，陸行不遇兕虎，入軍不被甲兵，兕無所投其角，虎無所措其爪，兵無所容其刃；夫何故，以其無死地。

　　注：十有三，猶云十分有三分。取其生道，全生之極，十分有三耳；取死之道，全死之極，亦十分有三耳；而民生生之厚，更之無生之地焉。

　　善攝生者，無以生爲生，故無死地也。器之害者，莫甚乎兵戈，獸之害者，莫甚乎虎兕，而令兵戈無所容其鋒刃，虎兕無所措其爪甲，斯誠不以欲累其身者也，何死地之有乎？

　　夫蚖蟺以淵爲淺，而鑿穴其中，鷹鸇以山爲卑，而增巢其上，矰繳不能及，網罟不能到，可謂處於無死地矣。然而卒以甘餌，乃入於無生之地，豈非生生之厚乎？

　　故物苟不以求離其本，不以欲渝其真，雖入軍而不害，陸行而不犯，赤子之可則而貴，信矣。

校：「陸行而不犯」——

　　「不」下本有「可」字，與上「不害」旨不類，蓋涉下文「可」而衍。

補：「出生入死，……以其生生之厚。」——

　　此言生生之厚者，地有生死；方其離生地以入死地，則能安適以保生，與夫不能安適以死者，十中有三焉；其本能，安生，後復致死者，亦十中有三焉。「十有三」者，猶今言「三分之一」，約計之詞耳。

　　「被」——

　　受也（高亨《老子正詁》甲）。

　　「無死地」——

　　言善攝生者，「無以生為生」（注文），因任順應，不欲不求，所在無不可生，故無死地也。五十五章「赤子」之厚「德」可致「毒蟲不螫」之功，即注「赤子之可則而貴」之所本。

五十一章

道生之，德畜之，物形之，勢成之，

　　注：物生而後畜，畜而後形，形而後成。何由而生？道也。何得而畜？德也。何因而形？物也。何使而成？勢也。唯因也，故能無物而不形；唯勢也，故能無物而不成。凡物所以生，功之所以成，皆有所由；有所由焉，則莫不由乎道也。故推而極之，亦至道也，隨其所因，故各有名稱焉。

　　校：「何因而形」——

　　　　本作「何由而形」，陶鴻慶《讀老子札記》云：「於『道』言『由』，於『物』不當言『由』，本作『何因而形？物也。』下文云：『唯因也，故能無物而不形。』承此言。」

　　正：輔嗣以「道」「德」「物」「勢」，隨其所因而異名，推之並極於「道」，甚是，蓋天下莫不包於「道」也。然以「生」「畜」「形」「成」四者，乃依序而至者，恐非；四者實並立同出焉。

　　　　「之」者，萬物也（河上公注），此觀下句可知。

　　　　「德」者，弼注云：「物之所得也。」謂物得乎「道」之內質也，王淮《老子探義》謂之「本質」。

「物」，物之體質也，王淮謂之「物質」，爲「萬物之基本原料，而非個別之物。」

「勢」者，物所以生之情境也。

「畜」者，畜涵也，謂畜涵使物充實也，非物生而後養育之也。（張默生《老子章句新譯》）

「道生之」，謂「道」始生萬物，三十四章云：「萬物恃之而生」者是。

「道」之「生」物，則必以「德」「物」「畜」「形」物，使其「內」「外」有實，不然，亦虛幻耳，何得言「生」？故云「德畜之」，「物形之」。然萬物之獲「德」以實，得「物」成形，須待「勢」以助之，而後可能生成也，故云「勢成之」。

是以萬物莫不尊道而貴德。

注：道者，物之所由也；德者，物之所得也。由之乃得，故不得不尊，失之則害，故不得不貴也。

校：「由之乃得……不得不貴也。」——

本作「由之乃得，故曰不得不失尊之則害不得不貴也。」不可解，且不合注「故曰」之例。波多野太郎《老子王注校正》引飯室天目云：「偉文按：注『曰』字衍，『失』『尊』倒，『害』下脫『故』，改作『由之乃得，故不得不尊，失之則害，故不得不貴也。』方通。」魏源《老子本義》引弼注正如此。

道之尊，德之貴，莫之命而常自然，

校：聚珍本句下有注云：「命並作爵。」張太守命撰集註無，云：「明皇王弼二本，『命』並作『爵』。」宇惠《王注考訂》以爲後人旁記異同而混入者。

補：「莫之命而常自然」——

河上公注云：「道一不命召萬物，而常自然應之如影響。」

故道生之，德畜之、長之、育之、亭之、毒之、蓋之、覆之，

校：「蓋之」——

本作「養之」，桃井白鹿門人云：「王注舊本『養』作『蓋』，故注爲『得其庇蔭』。」（波多野太郎《老子王注校正》引。）

易順鼎《讀老子札記》云：「《初學記》卷九、《文選‧辨命論》注並引《老子》曰：『亭之，毒之，蓋之，覆之。』王弼曰：『亭謂品其形，毒謂成其質。』……，『養』字當從所引作『蓋』，亦因形近而訛。上文已言『長之，育之。』知不復更言『養』矣；此文以『蓋』『覆』同稱，『長』『育』一義，『亭』『毒』一義，『蓋』『覆』一義。觀注云：『各得其庇蔭。』正解『蓋』『覆』兩字，則古本作『蓋』無疑。」

注：亭謂品其形，毒謂成其質。各得其庇蔭，不傷其體矣！

校：本無「亭謂品其形，毒」六字；「質」聚珍本作「實」，集註本則作「質」。波多野太郎《老子王注校正》引服部南郭云：「『實』當作『質』，乃『毒』字注也。」

宇惠《王注考訂》云：「《初學記‧帝王部》：『《老子》曰：亭之、毒之，蓋之、覆之。』王弼注曰：『亭謂品其形，毒謂成其質。』以是視之，今本王注蓋多脫誤。」波多野太郎又引屋代輪池云：「《韻會》曰：『《老子》「亭之毒之」註，王弼曰：「亭謂品其形，毒謂成其質。」』據此，今本王注固已脫誤大半矣。」

「品」者，「品別」也（波多野太郎引古屋昔陽）；「品其形」，謂有所「析」「別」（二十章注），以立成物也。

正：「亭之、毒之。」——

注以「亭」「毒」皆有生成之義，與上「生」「畜」重複，且不承「長」「育」，非是。

高亨《老子正詁》甲引《蒼頡篇》云：「亭，定也。」范應元《老子道德經古本集註》引《廣雅》云：「毒，安也。」如此，則生畜、長育、亭毒、蓋覆各具誼指，多方以生物也。

生而不有，為而不恃，

注：為而不有。

長而不宰，是謂玄德。

注：有德而不知其主也，出乎幽冥，是以謂之玄德也。

校：「冥」——

各本俱作「冥」，唯聚珍本作「宴」，蓋形誤也。

「是以謂之玄德也」——

紀昀校聚珍本脫此句。

五十二章

天下有始，以為天下母。

　　注：善始之，則善養畜之矣，故天下有始，則可以為天下母矣。

　　校：此注眾本均有，聚珍本獨無，東條弘《老子王注標識》以爲誤脫。

既得其母，以知其子；既知其子，復守其母，沒身不殆。

　　注：母，本也；子，末也。得本以知末，不舍本以遂末也。

　　補：「殆」，危殆也，見十六章注。

塞其兌，閉其門，

　　注：兌，事欲之所由生；門，事欲之所由從也。

　　補：「兌」，口也（林希逸《老子口義》），故注以之與「門」並列，皆謂事
　　　　物之所由出。

　　　　「塞」「閉」之者，非不出不生，乃「無事」（下注）耳，皆「若反」「正
　　　　言」（七十八章）。

終身不勤。

　　注：無事永逸，故終身不勤也。

　　正：注以「勤」爲「勞」（六章注），故與「逸」相對，唯未聞《老子》以
　　　　「逸」爲的也。

　　　　馬敍倫《老子覈詁》云：「勤借爲瘽，《說文》曰：病也。」「不病」，
　　　　即上文「不殆」。

開其兌，濟其事，終身不救。

　　注：不閉其原，而濟其事，故終身不救。

　　校：「故終身不救」——

　　　　「故」下本有「雖」字，核之注例，蓋衍文。魏源《老子本義》引弼
　　　　注無「雖」字。

見小曰明，守柔曰強；

注：為治之功不在大，見大不明，見小乃明；守強不強，守柔乃強也。

補：波多野太郎《老子王注校正》云：「功，猶事也。……與三十章注『為始者務欲立功生事』之『功』異。」蓋謂「工夫」，非謂其「功果」也。

用其光，

注：顯道以去民迷。

復歸其明。

注：不明察也。

補：朱謙之《老子校釋》云：「《老子》書中，『光』與『明』異（大田晴軒說），十六章『復命曰常，知常曰明。』五十五章『知和曰常，知常曰明。』三十三章『知人者智，自知者明。』五十二章『見小曰明。』二十二章『不自見故明。』二十四章『自見者不明。』言『明』皆就內在之智慧而言。五十八章『光而不耀。』四章、五十六章『和其光。』五十二章『用其光，復歸其明。』言『光』皆就外表之智慧而言。」別「光」「明」之異甚確，即上文「母」「子」之別也，「復歸其明」即「復守其母」也。

無遺身殃，是謂習常。

注：道之常也。

校：「謂」——

諸弼本唯聚珍本獨作「為」，他皆作「謂」，羅振玉《老子考異》云：「以全書例之，當作『謂』。」

補：「習」——

「習」通「襲」（蘇轍《老子解》），故眾本多作「襲」者。馬敘倫《老子覈詁》云：「『襲』『習』古通。《周禮·胥師》注曰：『故書「襲」為「習」。』是其例證。」「習常」者，因襲「常道」也。

五十三章

使我介然有知，行於大道，唯施是畏；

注：言若使我可介然有知，行大道於天下，唯施為之是畏也。

補：「我」──

    河上公以「我」爲老子自謂，蘇轍《老子解》以爲「體道者」，並可通。

    「介然」──

    顧歡《道德經注疏》云：「王及羅什二家云：『介，小也。』」

正：「大道」──

    注云「行大道於天下」，不唯與「行於大道」之句式乖逆，語意亦與下文不合；蓋既能「行大道」矣，復何「施」之畏耶？

    《韓非子·解老篇》云：「書之所謂『大道』也者，端道也。」「端道」猶「正道」（李約《道德眞經新註》）也。

    「施」──

    弼以「施爲」釋之，核之「大道」，固不可通也。

    王念孫《老子雜志》云：「『施』讀爲『迤』；『迤』，邪也。言行於大道之中，唯懼其入於邪道也；下文云：『大道甚夷，而民好徑。』河上公注：『徑，邪不正也。』是其證矣。」

大道甚夷，而民好徑。

    注：言大道蕩然正平，而民猶尚舍之而不由，好從邪徑，況復施為以塞大道之中乎。故曰大道其夷，而民好徑。

    正：王念孫《老子雜志》云：「『徑』即上文所謂『施』也。……注曰：『言大道蕩然正平……況復施爲以塞大道之中乎。』於正文之外，又增一義，非是。」「徑」即「邪道」也。

朝甚除，

    注：朝，宮室也。除，潔好也。

田甚蕪，倉甚虛；

    注：朝甚除，則田甚蕪，倉甚虛，設一而眾害生也。

服文綵，帶利劍，厭飲食，財貨有餘，是謂盜夸，非道也哉。

    注：凡物不以其道得之，則皆邪也，邪則盜夸也。貴而不以其道得之，竊位也，故舉非道，以明非道則皆盜夸也。

    校：「邪則盜夸也，貴而不以其道得之，」──

本作「邪則盜也。夸而不以其道得之，」不可解；下文既以「夸」爲「非道」，焉得以「不以其道」之「夸」方始「非道」哉？況「夸」亦不知居何「位」也。張太守命撰《道德眞經集註》引弼注作「邪則盜也。誇而不以其道得之，盜誇也；貴而不以其道得之，竊位也。」「誇」句亦不可解。意本作「邪則盜夸也。貴而不以其道得之，竊位也。」刻者涉亂，遂倒作「也夸」，且奪「貴」字也。

補：「厭」——

唐玄宗御注云：「飫足也。」

「盜夸」——

「夸」《韓非子·解老篇》作「竽」，曰：「竽也者，五聲之長者也；故竽先，則鐘瑟皆隨，竽唱，則諸樂皆和。今大姦作，則俗之民唱；俗之民唱，則小盜必和。故服文采，帶利劍，厭飲食，而資貨有餘者，是謂盜竽矣。」

高亨《老子正詁》甲云：「『夸』『竽』並從『于』得聲，古蓋通用，其誼則韓非說是。『盜竽』，猶言『盜魁』也。」

五十四章

善建者不拔，

注：固其根而後營其末，故不拔也。

善抱者不脫，

注：不貪於多，齊其所能，故不脫也。

補：「齊」猶「濟」成也。

吳澄《道德眞經註》云：「善者以不建爲建，則永不拔；善抱者以不抱爲抱，則永不脫。」皆自然因任耳。

子孫以祭祀不輟。

注：子孫傳此道以祭祀，則不輟也。

正：注「子孫以祭祀」連讀，謂以此道祭祀，故子孫不輟，非。宜「以祭祀不輟」連讀，謂因此道而子孫永續，「祭祀不輟」也。《韓非子·解老篇》云：「爲人子孫者，體此道以守，宗廟不滅，之謂祭祀不絕。」

修之於身，其德乃真；修之於家，其德乃餘；

　　注：以身及人也。修之身則真，修之家則有餘；修之不廢，所施轉大。

修之於鄉，其德乃長；修之於邦，其德乃豐；修之於天下，其德
乃普。故以身觀身，以家觀家，以鄉觀鄉，以邦觀邦，

　　訂：諸「邦」字——

　　　　本皆作「國」，《韓非子・解老篇》並作「邦」，《篆本帛書老子》上字
　　　　缺，後二字亦作「邦」，焦竑《老子翼》云：「『邦』一作『國』，漢人
　　　　避高帝諱改之，於韻不叶，今從韓非本。」此視《隸本帛書老子》之
　　　　作「國」尤明也。

　　注：彼皆然也。

以天下觀天下；

　　注：以天下百姓心，觀天下之道也。天下之道，逆順吉凶，亦皆如身
　　　　之道也。

　　校：「皆如身之道」——

　　　　「身」本作「人」，不可解。東條弘《老子王注標識》以爲「身」之音
　　　　誤。上注云「以身及人」，下注云「察己以知之」，「身」謂「己」，「人」
　　　　謂「天下」也；以其道一，故上注云「彼皆然」也。

　　補：「觀」乃老子知「勢」知「子」，因任「無爲」之首要法則，非若他家
　　　　之衍伸己見而已，詳見二章。

吾何以知天下之然哉，以此。

　　注：此，上之所云也。言吾何以知天下乎？察己以知之，不求於外也；
　　　　所謂不出戶以知天下者也。

　　補：上注云「以天下百姓心觀天下之道」，此注云「察己以知之」，非
　　　　有異也。蓋以天下觀天下者，任道自然耳；以其任道，故不假外
　　　　求，己身已備，察之而已。

五十五章

含德之厚，比於赤子；毒蟲不螫，猛獸不據，攫鳥不搏，

校：「毒蟲」——

本作「蜂蠆虺蛇不螫」，與下二句不偶（奚侗《老子集解》）。俞樾《老子平議》云：「河上公本作『毒蟲不螫』，注云：『蜂蠆虺虺不螫。』是此六字乃河上公注也，王弼本亦當作『毒蟲不螫』，後人誤以河上注屬入之。」

嚴靈峰先生《陶鴻慶老子王弼注勘誤補正》云：「疑王本與河上本經同而注亦相似也。此『毒蟲』二字，由經混入注文，而『蜂蠆虺蛇』四字，又從注文屬入正文也。」

注：赤子無求無欲，不獨眾物，故蜂蠆虺蛇之物，無犯之者也。含德之厚者，不犯於物，故無物以損其全也。

校：「無犯之者也」——

「者」本作「人」，不可解，易順鼎《讀老子札記》以爲「者」之誤；「無犯之者」，即下文注「無物以損其全」也。

補：「據」——

以爪挐按也。（李約《道德眞經新註》）

「攫鳥」——

鵰鶚類也。（李約）

以其凶猛好「搏」（范應元《老子道德經古本集註》），故謂之「攫鳥」。

「搏」——

以羽距擊觸也。（李約）

骨弱筋柔而握固；

注：以柔弱之故，故握能周固。

未知牝牡之合而全作，

注：作，長也。無物以損其身，故能全長也。言含德之厚者，無物可以損其德，渝其真，柔弱不爭，而不摧折，皆若此也。

正：「全作」——

注云「全長」，與上文「牝牡之合」不類。河上公作「朘」，注云：「陰作怒」。《釋文》云：「河上公作『朘』……一作『朘』，《說文》云：『赤子陰也。』字雷切。」

范應元《老子道德經古本集註》作「朘」云：「今諸本多作『峻』。《玉篇》『朘』字注：『亦作「峻」、「屡」，係三字通用，並子雷切，赤子陰也。』」

易順鼎《讀老子札記》云：「『朘』『全』音近，故或假『全』爲之。」《廣韻》「全，疾切。」「疾」「子」古音並齒音，「全」「峻」「朘」三字爲「同類雙聲」，故可通假也。「全作」當從河上注，乃與上文「牝牡之合」相合。

雖「陰作怒」，而無審，蓋順自然而已，十二章云：「聖人爲腹不爲目」此之謂也。

精之至也；終日號而不嗄，

注：無爭欲之心，故終日出聲而不嗄也。

補：「精」——

「精」與下「和」相對，各言氣之精純、調和（吳澄《道德眞經註》）。

「嗄」——

聲斯也。（李約《道德眞經新註》）

和之至也；知和曰常，

注：物以和爲常，故知和則得常。

補：「和」——

四十二章云：「沖氣以爲和。」

知常曰明。

注：不皦不昧，不溫不涼，此常也。無形不可得而見，故曰知常曰明也。

校：「故曰知常曰明」——

本作「曰明」，不可解，宇惠考訂云：「『曰』上恐脫『故曰知常』四字。」東條弘《老子王注標識》云：「『知常曰明』，既出十六章，彼注曰：『常之爲物，不偏不彰，無皦昧之狀，溫涼之象，故曰知常曰明也。』文義與此注同，則注『曰』上脫『故曰知常』。」

益生曰祥，

注：生不可益，益之則夭也。

補：「夭」集註本作「妖」，義同，謂不祥也（易順鼎《讀老子札記》），爲
　　反訓之言。

心使氣曰強；

注：心宜無有，使氣則強。

物壯則老，謂之不道，不道早已。

補：參見三十章。

五十六章

知者不言，

注：因自然也。

言者不知。

注：造事端也。

塞其兌，閉其門，挫其銳，

注：含守質也。

補：「塞其兌，閉其門。」亦見五十二章，「挫其銳」亦見四章。

解其紛，

校：「紛」聚珍本作「分」，孫鑛評弼注作「紛」，紀昀云：「各本作『紛』。」，
　　東條弘《老子王注標識》云：「此四句共出四章，『分』之爲『紛』審
　　矣。」觀此注「除爭原」，與四章「紛解而不勞」正同，則王本應如孫
　　鑛所傳，並四章皆作「紛」也。

注：除爭原也。

正：以「紛」爲「爭」，誤，「紛」謂末節也，詳見第四章。

和其光，

注：無所特顯，則物無所偏爭也。

同其塵，

注：無所特賤，則物無所偏恥也。

正：以「塵」有「賤」意，誤，「塵」謂形跡也，詳見四章。

是謂玄同。故不可得而親，不可得而疎，

注：可得而親，則可得而疎也。

補：「玄同」——

同者，謂「不異於人」也（董思靖《太上老子道德經集解》），故下云
不可得而親疎利害。「玄」，所以修飾「同」者，猶「玄德」（十章）之
「玄」，唯此作「副詞」耳。「玄同」，謂此「同」神不可測也。

不可得而利，不可得而害，

注：可得而利，則可得而害也。

不可得而貴，不可得而賤，

注：可得而貴，則可得而賤也。

故為天下貴。

注：無物可以加之也。

五十七章

以正治國，以奇用兵；以無事取天下。

注：以道治國則國平，以正治國則奇兵起也，以無事則能取天下也。

上章云：其取天下者，常以無事，及其有事，又不足以取天下也。
故以正治國，則不足以取天下而以奇用兵也。

夫以道治國，崇本以息末，以正治國，立辟以攻末，本不立而末
淺，民無所反，故必至於以奇用兵也。

校：「則奇兵起也。」——

「兵」聚珍本作「正」，集註本作「兵」，波多野太郎《老子王注校正》
引服部南郭云：「『奇正』之『正』，疑『兵』字誤。」

「上章云……又不足以取天下也。」——

此四十八章經文，而多「其」「者」「又」三字，集註本無「又」字，
以弼引注例不可定，不敢確云經文脫，抑注文衍，幸其無害於義也，

姑不改。（並見二十三章注。）

「民無所反」——

「反」本作「及」，不可解，桃井白鹿《老子評注》云：「『及』疑當作『反』。」五十八章注云：「此皆崇本以息末，不攻而使復之也。」「復」即「反」，謂返守其本也。

補：「正」——

陶鴻慶《讀老子札記》云：「王讀『正』爲『政』，政與『道』對文。」五十八章注云：「善治者，無形可名，無政可舉，然卒至大治。」又云：「誰知善治之極乎？唯無正可舉，無形可名，悶悶然而天下大化，是其極也。」適「政」「正」互文。

「立辟以攻末」——

波多野太郎引古屋昔陽云：「『立辟』見《詩》，法也。」又引冢田大峰云：「辟，法也。《詩》云：民之多辟，無自立辟。」故下文「法令滋彰」，注云：「立政欲以息邪。」

攻，治也，下注云「舍本以治末」，「治末」即「攻末」也。

吾何以知其然哉？以此。天下多忌諱，而民彌貧；民多利器，國家滋昏；

注：利器，凡所以利國之器也；民強則國家弱。

校：「利國之器」——

「國」本作「己」，與下注「多利器欲以強國」不合。注云「民強則國弱」，「強」蓋謂「民多利器，欲以強國」也，或乃以「強」爲「以利器施利於己」，遂易「國」作「己」。

補：「以此」——

「此」謂下文所云也（李約《道德真經新註》）。

「滋」——

愈也（下注）。

正：「昏」——

注以爲「弱」，嫌其遠，故易順鼎《讀老子札記》不以爲然，云當作「亂」解，河上公注即作「亂」解。

人多伎巧，奇物滋起；

　　注：民多智慧，則巧偽生；巧偽生，則邪事起。

法令滋彰，盜賊多有。

　　注：立正欲以息邪，而奇兵用；多忌諱欲以止貧，而民彌貧；多利器欲以強國，而國愈昏；皆舍本以治末者也，故以致此也。

　　校：「欲以止貧」──

　　　　「止」本作「恥」，波多野太郎引藤澤東畡云：「注『恥』，恐『止』誤。」並云：「『止』『恥』音同而誤歟。或『恥』俗从『止』，因壞而作『止』歟。」蓋音形皆足以致誤也。

　　　　「多利器欲以強國，而國愈昏；皆舍本以治末者也。」──

　　　　本作「利器欲以強國者也，而國愈昏多，皆舍本以治末。」波多野太郎引服部南郭云：「『多』字衍。」然注云「愈昏」，苟去「多」字，「愈」將何以成辭耶？

　　　　嚴靈峰先生《陶鴻慶老子王弼注勘誤補正》以為「多」字當在「利器」上。此蓋引前經文為釋，非釋「利器」者，故云「立正」「多忌諱」「多利器」，不謂「正」「忌諱」「利器」，此其一也。「欲」者「意願」之謂，乃指「正」「忌諱」「利器」之所有者，非指「正」「忌諱」「利器」，此其二也。

　　　　然而，「國」下「者也」二字，亦當移下注「治末」下，作「多利器欲以強國，而國愈昏。」與上句言「忌諱」者相應。

故聖人云：我無為而民自化，我好靜而民自正，我無事而民自富，我無欲而民自樸。

　　注：上之所欲，民從之速也；我之所欲唯無欲，而民亦無欲而自樸也。此四者，崇本以息末也。

五十八章

其政悶悶，其民淳淳；

　　注：言善治政者無形可名，無政可舉，悶悶然，卒至於大治，故曰其政悶悶也。其民無所爭競，寬大淳淳，故曰其民淳淳也。

校：「無形可名，無政可舉。」──

本作「無形無名無事無政可舉」，陶鴻慶《讀老子札記》云：「疑本作『無可形名，無可正舉。』下節注云：『誰知善治之極乎？唯無可正舉，無可形名，悶悶然，而天下大化，是其極也。』承此言。」以「無名」之「無」爲「可」誤，「無事」爲衍，是；惜乎其不解輔嗣「正」「政」互用（見上章「以正治國」「補」）之則，遂不知下注「無可正舉」有誤也。（見下「校」）

石田羊一郎校本作「無形可名，無事可舉。」已知「名可」爲「可名」之倒。今審乎文旨，依下注文例，酌二家之說，定爲如此。

其政察察，其民缺缺。

注：立刑名，明賞罰，以檢姦僞，故曰其政察察。殊類分析，民懷爭競，故曰其民缺缺。

校：「故曰其政察察」──

本脫「其政」二字，據宇惠說補。

補：「缺」──

薄也（河上公），與上句「淳」相對。

「立刑名」──

波多野太郎《老子王注校正》引冢田大峰云：「註『刑名』雖亦通也，以上註見之，當作『形名』。」既知其通，則不勞改字，「刑」通「形」也。

禍兮福之所倚，福兮禍之所伏，孰知其極？其無正；

注：言誰知善治之極乎？唯無正可舉，無形可名，悶悶然而天下大化，是其極也。

校：「無正可舉，無形可名。」──

聚珍本作「無可正舉，無可形名。」集註本作「無正可舉，無刑可名。」石田羊一郎校本同集註，唯「刑」作「形」，云：「『無形可名』，誤作『無可形名』。」（波多野太郎引）

補：「禍兮……所伏。」──

此二句與下文「正復爲奇，善後爲妖。」並云萬象之變幻無常，非謂

循環反覆之「道規」，詳十六章、二十九章。

正：「極」——

注以為「善治之極」，蓋誤下「正」為「政」故，不合文旨。

河上公以為「窮極」，「孰知其極」，謂「禍」「福」之更迭不知終極於何也。

「其無正」——

注以「正」為「政」，誤。蘇轍《老子解》云：「福倚於禍，禍伏於福，譬如畫夜寒暑之相代……未始有正。」謂變幻無「常」（十六章）也。

正復為奇，

注：以正治國，則便復以奇用兵矣，故曰正復為奇。

補：奇，邪也。（上章「奇物」注）

正：「正」，注以為「政」，誤，「正復為奇」言其「無常」。「正」「奇」猶福禍、善妖，與二章「美惡」「難易」「高下」等同類，皆「人」設之「相對」耳，始無「常」論也。

善復為妖；

注：立善以和物，則便有妖之患也。

補：妖，司馬光《道德真經論》以為「惡」。

正：此亦言善惡之變幻，非治之謂也，參見上「正」。

人之迷，其日固久。

注：言人之迷惑失道，固久矣，不可便復，善治以責。

校：「不可便復」——

「復」本作「正」，不合上下注；下文云「此皆崇本以息末，不攻而使復之。」蓋承此「迷」者言，則此宜作「復」，作「正」者，涉上文誤。

訂：輔嗣此二句連下文讀，以為民固久迷，不可使即正，遂以善治責之，非是。聖人之不治為治者，豈待人之久迷哉？當連上讀，謂人多汲汲於無常末節，而不守「母」（五十二章）無為也。

正：見「訂」。

是以聖人方而不割，

注：以方導物，令去其邪，不以方割物；所謂大方無隅。

校：「令去其邪」——

　　「令」本作「舍」，《釋文》「令」，服部南郭以爲當作「令」（波多野太郎引），東條弘《老子王注標識》亦據《說文》作「令」，波多野太郎並舉下注「令去其汙」「令去其僻」爲證，觀下句注「令去其邪」之衍文，益知作「舍」者誤也。

廉而不劌，

注：廉，清廉也；劌，傷也。以清廉導物，令去其汙，不以清廉劌傷於物也。

校：「導物」——

　　「導」本作「清」，陶鴻慶以爲當作「導」，與上下注同例。

　　「物」本作「民」，與上下注作「物」不合。

　　「令去其汙」，聚珍上本有「令去其邪」四字，集註本無，服部南郭以爲衍（波多野太郎引）。

正：易順鼎《讀老子札記》云：「注云：『廉，清廉也。』非是。鼎按『廉』即古之『矜也廉』之『廉』，謂『廉隅』也。《禮・聘義》『廉而不劌』，疏云：『廉，稜也。』正與此同。有稜角則易致劌傷，故惟聖人廉而不劌。」吳澄《道德眞經註》同。

直而不肆，

注：以直導物，去其僻，而不以直激拂於物也，所謂大直若屈也。

校：「拂」本作「沸」，《釋文》、李霖《道德眞經取善集》引弼注，並作「拂」，飯室天目以爲當作「拂」（波多野太郎引），核之文義，知其可從。

補：肆，注云「激拂」，嫌其遠。河上公注爲「申」，蓋直而申，則離本且拂物也。

光而不燿。

注：以光鑑其所以迷，不以光照求其隱慝也，所謂明道若昧也。此皆崇本以息末，不攻而使復之也。

補：慝，《釋文》作「匿」，波多野太郎謂二字通，是。

五十九章

治人事天莫如嗇，

　　校：「如」聚珍本作「若」，注及《釋文》並作「如」，武內義雄云：「據王
　　　　注……『若』作『如』。」（波多野太郎《老子王注校正》引）蔣錫昌
　　　　《老子校詁》云：「釋文『若』作『如』，當據改正。」今據改。

　　注：莫如，猶莫過也。嗇，農事。農人之治田，務去其殊類，歸於齊
　　　　一也；全其自然，不急其荒病，除其所以荒病。上承天命，下綏
　　　　百姓，莫過於此。

　　校：「莫如」——

　　　　「莫如」集唐字本作「莫若」，蔣錫昌《老子校詁》以爲後人據誤本經
　　　　文而改。

　　　　「嗇，農事」——

　　　　本作「嗇，農夫。」視下文「除其所以荒病」，知弼以「嗇」爲農事，
　　　　疑「夫」乃「事」之誤也。

　　正：「莫如」——

　　　　注以爲「莫過」，末切，當云「不如」。

　　　　「嗇」——

　　　　注云：「如農人之治田，務去其殊類，歸於齊一也。」絕非老子因任之
　　　　旨。徐大椿《道德經註凡例》云：「『治人事天莫如嗇』，乃『儉嗇』之
　　　　『嗇』，王弼訓爲『稼穡』之『嗇』，則下文費解矣。」六十七章云：「我
　　　　有三寶，持而保之。一曰慈，二曰儉，三曰不敢爲天下先。」「儉」即
　　　　「嗇」也。

　　　　《韓非子·解老篇》云：「書之所謂『治人』者，適動靜之節，省思慮
　　　　之費也；所謂『事天』者，不極聰明之力，不盡智識之任。苟極盡則
　　　　費神多，費神多則盲聾悖狂之禍至，是以『嗇』之。『嗇』之者，愛其
　　　　精神，嗇其智識也。故曰『治人事天莫如嗇』。」

夫唯嗇，是謂早服，

　　注：早服常也。

　　補：《韓非子·解老篇》云：「夫能嗇也，是從於道而服於理者也。」「從於

道」即「復歸其根」（十六章）也

早服謂之重積德，

注：唯重積德不欲銳速，然後乃能使早服其常，故曰早服謂之重積德也。

校：注末「也」字上本有「者」字，桃井白鹿老子評註以爲衍，是。

重積德則無不克，無不克則莫知其極，

注：道無窮也。

補：「克」——

能也（李約《道德眞經新註》）。

莫知其極，可以有國。

注：以有窮莅國，非能有國也。

有國之母，可以長久，

注：國之所以安謂之母，重積德是。唯圖其根，然後營末，乃得其終也。

正：注云「營末」，乃儒家義。較之「守母」「知子」（五十一章）之言，要在「圖根」，「末」則任其自然，非以「營」之也。

是謂深根固抵，長生久視之道。

補：「抵」——

《說文》云：「木根也。」《韓非子・解老篇》云：「樹木有曼根，直根；直根者，書之所謂柢也。」。

六十章

治大國若亨小鮮；

訂：「亨」——

本作「烹」，《釋文》云：「不當加『火』。」東條弘《老子王注標識》云：「古惟『亨』字，兼三義；後加一畫作『享獻』之『享』，加四點，作『烹飪』之『烹』……《易・鼎卦》：『大亨以養聖賢。』《詩・豳風》：『亨葵及菽。』是加四點也。今皆通用。」《隸本帛書老子》正作「亨」

（篆本缺）。

> 注：不擾也。躁則多害，靜則全真，故其國彌大，而其主彌靜，然後乃能廣得眾心矣。

> 補：「小鮮」——
> 　　小魚也（河上公）。

以道莅天下，其鬼不神；

> 注：治大國則若烹小鮮，以道莅天下則其鬼不神也。

> 補；「神」——
> 　　此宜作「動詞」，謂「見（同『現』）其神」也（河上公）；「不神」，謂無所用其神也（下句注）。

非其鬼不神，其神不傷人；

> 注：神不害自然也。物守自然，則神無所加；神無所加，則不知神之為神也。

> 補：鬼之神現，則每犯傷人物；苟物守自然，不犯於鬼，則其神雖現，亦無傷人之心，而侵加於物，其神乃若無然也。五十五章注云：「赤子無求無欲，不犯眾物，故蜂蠆虺蛇之物，無犯之者也。」與此意同。
> 　　《韓非子・解老篇》云：「治世之民，不與鬼神相害也，故曰非其鬼不神，其神不傷人。」

非其神不傷人，聖人亦不傷人；

> 注：道洽則神不傷人，神不傷人，則不知神之為神。道洽則聖人亦不傷人，聖人不傷人，則不知聖人之為聖也。猶云非獨不知神之為神，亦不知聖人之為聖也。夫恃威網以使物者，治之衰也，使不知神聖之為神聖，道之極也。

> 校：「猶云非獨不知神之為神。」——
> 　　「非獨」二字聚珍本無，他本皆有，波多野太郎《老子王注校正》以為當有。

> 正：蔣錫昌《老子校詁》云：「弼注以『神』『聖』對舉並稱，一若不分輕重，此非老子之本意也。『其神不傷人』上有『非其』二字，正所以表明其本意重在下句之『聖人』也。」

苟依王注，則「聖人」一如「鬼」之「神」，亦將有衰治傷人之不合道者，不知其何以為聖人也。此謂神之不傷人，由於聖人以道莅天下也。（河上公）

吳澄《道德真經註》云：「所以不傷害人者，非自能如此也，以聖人能使民氣和平，不傷害天地之氣；天地之氣，亦和平而不傷害人也。日鬼曰神，則天地之氣，名二而實一也。」

「神」為「鬼」之「神」，分之為二，並謂之氣，固未切，然所以不傷之說則是。蓋聖人無為，則民自清靜（五十七章），不犯物，不干鬼，故鬼無傷人也。

夫兩不相傷，故德交歸焉。

注：神不傷人，聖人亦不傷人，聖人不傷人，神亦不傷人。故曰兩不相傷。神聖合道，故德交歸之也。

校：「故德交歸之」——

本但作「交歸之」，大槻如電云：「『道』下補『德』字。」（波多野太郎《老子王注校正》引）嚴靈峰先生《陶鴻慶老子王弼注勘誤補正》疑「交歸」上脫「故德」二字，核之文意，當有，今補。

正：注以「兩」為「神」「聖」，「相傷」為「傷人」，乃承上而誤。

葉德輝輯葉夢得《老子解》云：「詩頌文王之聖，至於思齊（按此篇屬《大雅》）曰：『神罔時怨。』繼之曰：『神罔時恫。』豈不以鬼無怨於人，則亦無恫於人。降人嘉祥，禍災不至，其有傷之者乎？」謂「兩不傷人」為人鬼不互傷，是；蓋聖人以道莅天下，而幽明因以各得其所也，故云：「德交歸焉」，謂人鬼互受其惠也。並見上「正」吳澄說。

六十一章

大國者下流，

注：江海居大而處下，則百川流之；大國居大而處下，則天下流之，故曰大國下流也。

校：「大國下流」——

經有「者」字，審文義，王本似無「者」字，幸乎文義不害，姑存之。

天下之交，

> 注：天下所歸會也。

天下之牝；

> 注：靜而不求，物自歸之也。

牝常以靜勝牡，以靜為下。

> 注：以其靜，故能為下也。牝，雌也。雄躁動貪欲，雌常以靜，故能
> 勝雄也。以其靜，復能為下，故物歸之也。

故大國以下小國，

> 注：大國以下小國，猶云以大國下小國。

> 校：「大國以下小國」——
> 　　本無「小國」，波多野太郎《老子王注校正》以為當有。

> 正：俞樾《老子平議》云：「古『以』字與『而』字通。……『大國以下小
> 　　國，則取小國；小國以下大國，則取大國』，猶曰『大國而下小國，則
> 　　取小國；小國而下小國，則取大國。』也。」。

則取小國；

> 注：小國則附之。

> 補：此謂得小國為附庸也（李約《道德真經新註》），有「治」之意，即下
> 　　文「兼畜」，非「占取」也。

小國以下大國，則取大國；

> 訂：馬敘倫《老子覈詁》引陶方琦云：「詳文義，似上句應無『於』字，下
> 　　句應有『於』字。」云上句有「於」字者，不知何據，云下有「於」
> 　　字，與《帛書老子》同，義雖明確，唯不增為宜，不然下文「或下而
> 　　取」之「取」乃不同於此「取」矣。（詳下）
> 　　蓋大國畜人，小國事人，為彼時正誼，故但言「取」，而「見取」之意
> 　　已明，不致有「占取」之曲解也。

> 注：大國納之也。

> 補：下云「或下以取，或下而取。」，「以」「而」互文，則二「取」字必有
> 　　別也。弼注上「取」云：「小國則附之。」注此「取」云：「大國納之。」

是知弼以「取」爲「受」「納」之意，唯主動，被動則異；蓋此「取」乃「見取」之謂也。

故或下以取，或下而取。

注：言唯修卑下，然後乃各得其所欲。

校：「各得其所欲」——

本無「欲」字，陶鴻慶《讀老子札記》云：「『各得其所』下，當有『欲』字；下節經注，皆云：『各得其所欲。』。」採下文「欲」之意。

補：司馬光《道德眞經論》云：「以取，取人；而取，爲人所取。」據「以」「而」分別主動、被動。

蘇轍《老子解》云：「大國下以取人，小國下而取於人。」視「以」「而」爲互文，據「主語」之「大國」「小國」定爲主動、被動。

此蓋承上文申言，故雖省「主語」「止語」，而義亦明也。「或下以取」，猶云「或下以取小國」；「或下而取」，猶云「或下而取大國」。俞樾《老子平義》以爲當補「小國」「大國」於句下，雖不必要，唯其意則同？

大國不過欲兼畜人，小國不過欲入事人；夫兩者各得其所欲，大者宜爲下。

注：小國修下，自全而已，不能令天下歸之，大國修下，則天下歸之，故曰各得其所欲，則大者宜爲下也。

校：「則大者宜爲下也」——

經無「則」字，馬敘倫《老子覈詁》以爲當據注補，其意無異，姑仍其舊。

補：「大者宜爲下」——

李約《道德眞經新註》云：「偏戒大者，恐恃強不爲謙也。」

六十二章

道者萬物之奧，

注：奧，猶曖也，可得庇蔭之辭。

正：「奧」——

弼注云「曖」，謂「藏」「隱」（波多野太郎《老子王注校正》引古屋昔

陽），故曰「可得庇蔭之辭」，恐非是。

戶崎允明《老子正訓》云：「謂道是萬物之本。」高亨《老子正詁》甲云：「萬物之奧，猶云萬物之主矣。四章稱道曰：『淵兮似萬物之宗。』與此句意同。」范應元《老子道德經古本集註》云：「『奧』字，《玉篇》：『深也，內也，主也，藏也。』」既知「奧」有「主」宜，乃取「深」爲釋，惜哉！

善人之寶，

注：寶以爲用也。

不善人之所保；

注：保以全也。

補：「所保」——

河上公云：「道者不善人之保倚也；遭患逢急，猶自知悔卑下。」以「所保」爲「所倚恃」者。蓋道也者，善人以爲致用之寶，不善人則爲去惡向善之倚恃也。

美言可以市尊，美行可以加人，

訂：「行」上本無「美」字，輔嗣遂「尊行」連讀，強謂之云：「美言之，則可以奪眾貨之賈。」豈「言」而「道」即得，故能至貴哉？

《淮南子‧道應篇》、《人間篇》引具作「美言」「美行」（詳下「正」），俞樾《老子平議》以爲今本脫。

注：言道無所不先，物無有貴於此也；雖有珍寶璧馬，無以匹之，美言之，則可以奪眾貨之賈，故曰美言可以市也。尊行之，則千里之外應之，故曰尊行可以加於人也。

校：「故曰尊行可以加於人也。」——

「尊行」本缺，據飯室天目說補（波多野太郎《老子王注校正》引）。又「於」字經文無，未可遽定是非，姑存之。

正：「美言」「美行」，謂依道出言立行也；「市」，取也（奚侗《老子集解》）；「加人」，以教加於人也（李約《道德眞經新註》）。此二句，謂「道」者「善人之寶」也。

《淮南子‧道應篇》云：「晉文公伐原，與大夫期三日，三日而原不降，

文公令去之。軍吏曰：『原不過一二日將降矣。』君曰：『吾不知原三日而不可得下也，以與大夫期；盡而不罷，失信得原，吾弗爲也。』原人聞之，曰：『有君若此，可弗降也？遂降。溫人聞，亦請降。』故《老子》曰：『……美言可以市尊，美行可以加人。』」

又〈人間篇〉云：「智伯軍救水而亂，韓魏翼而擊之，襄子將卒犯其前，大敗智伯車，殺其身而三分其國，襄子乃賞有功者，而高赫爲賞首。群臣請曰：『晉陽之存，張孟談之功也，而赫爲賞首，何也？』襄子曰：『晉陽之圍也，寡人國家危，社稷殆，群臣無不有驕侮之心者，唯赫不失君臣之禮，吾是以先之。』由此觀之，義者，人之大本也，唯有戰勝存亡之功，不如行義之隆，故《老子》曰：『美言可以市尊，美行可以加人。』」

人之不善，何棄之有？

注：不善，當保道以免放。

補：河上公云：「人之不道，當以道化之。」蓋善人以「道」爲「寶」，「美言」「美行」此「道」，以加諸不善，則可使化道去惡，故下云「有罪以免」，謂以受道化而免也。四十九章云：「善者吾善之，不善者吾亦善之。」可以並觀。

故立天子，置三公，

注：言以尊行道也。

雖有拱璧以先駟馬，不如坐進此道。

注：此道，上之所云也。言故立天子，置三公，尊其位，重其人，所以為道也。物無有貴於此者，故雖有拱抱寶璧，以先駟馬而進之，不如坐進此道也。

古之所以貴此道者何，不曰以求得，有罪以免耶？故為天下貴。

注：以求則得求，以免則得免，無所而不施，故為天下貴也。

六十三章

為無為，事無事，味無味，

注：以無為為居，不言為教，以恬淡為味，治之極也。

正：注意雖佳，然拘乎爲治，則失之狹隘；立身處事，……多方皆然也。

大小多少，報怨以德，

注：小怨則不足以報，大怨則天下之所欲誅；順天下之所同者，德也。

補：「大小多少」——

司馬光《道德眞經論》云：「視小若大，視少若多。」「大」「多」皆謂重視之意。「大小多少」，即下文「圖難於其易，爲大於其細」也。

正：「報怨以德」——

注以爲不報小怨，但順眾志以報大怨，是謂「德」，不知《老子》「報大怨」之意何在？《老子》既云「大少多少」，爲會不顧小怨？況順眾以報之，亦不知何「德」也。

李約《道德眞經新註》云：「德，是上三無也。人能行此三德，則心必虛明；虛明，則能見怨之初起。起於小，小而能絕之，則無大矣；起於少，少而能除之，則無多矣；如此報之，則何怨之有？」「大小多少」之說固待商榷，以「德」爲三「無」，行德能止怨，則近之。

陳象古《道德眞經解》云：「報怨以德，柔和清靜，不懷惡意，道之妙用也。」以「德」爲清靜從道，是，故云「孔德之容，惟道是從。」（二十一章）四十九章云：「善者，吾善之，不善者，吾亦善之，德善；信者，吾信之，不信者，吾亦信之，德信。」「報怨以德」者，此之謂歟；「德」非惠也。

「報」乃「回應」對待之意，猶四十九章「善之」，不必強調「報復」「報答」諸意也。

以其遵道任物，故能泯難於易，成大於小；其於怨也亦然，故終無怨也。不若爭較於犯怨者，亦不若行仁施惠者，終不能平也。

圖難於其易，為大於其細。天下難事必作於易，天下大事必作於細，是以聖人終不為大，故能成其大。夫輕諾必寡信，多易必多難，是以聖人猶難之，

注：以聖人之才，猶尚難於易，況非聖人之才，而欲忽於此乎，故曰聖人猶難之也。

正：「猶難之」——

注以「聖人」之才與夫俗子之不才釋「猶」，與上文慎微慮小之旨不合。李約《道德眞經新註》云：「慎厥始也。」謂事難之始雖小易，聖人猶尚難之，不因易小而疏忽也；此即上文「大小多少」之旨焉。

故終無難矣。

六十四章

其安易持，其未兆易謀；

注：以其安不忘危，持之不忘亡，謀之無功之勢，故曰易也。

補：「兆」——

形兆也（河上公）。

此章蓋承上章，申言「大小多少」之旨。

其脆易泮，其微易散；

注：雖失無入於有，以其微脆之故，未足以興大功，故易也。

此四者，皆說慎終也；不可以無之故而不持，不可以微之故而弗散也。無而弗持，則生有焉；微而不散，則生大焉；故慮終之患，如始之禍，則無敗事也。

補：「泮」——

「泮」通「判」（畢沅《老子道德經考異》），分也（范應元《老子道德經古本集註》），使離斷也。

正：「此四者皆說慎終也。」——

注云「慎終」，非；司馬光《道德眞經論》以爲「防微慎始」。

「故慮終之患，如始之禍，則無敗事。」——

注以此爲慮患除禍之言，非是；下云「未亂」者，猶上章之「易」「細」，皆注言「事」之難易，非僅禍患也。其云「安」「未兆」「脆」「微」者，並謂事之未然與初始，故下文云「爲之」「治之」，豈患禍之避耳？蓋謂「事」而已，其致福抑免禍，皆得謂之「事」也（司馬光《道德眞經論》）。

為之於未有，

注：謂其安未兆也。

治之於未亂。

注：謂微脆也。

合抱之木，生於毫末；九層之臺，起於累土；千里之行，始於足
下；為者敗之，執者失之，

注：當以慎終除微，慎微除亂，而以施為治之，形名執之，反生事原，
巧辟滋作，故敗失也。

補：「合抱」「九層」「九里」三句，猶上句「爲之於未有，治之於未亂。」
之意。蓋上云施爲須慎重其始，下云施爲須以自然，不可馳騁以離初始，
乃可善終也。

蘇轍《老子解》云：「治亂禍福之來，如三者積小以成大，聖人待之以
無爲，守之以無執，故能使福自生，禍自亡。」知三者蓋喻事成以漸，
不可「過」而失自然也。

是以聖人無為故無敗，無執故無失。民之從事，常於幾成而敗之；

注：不慎終也。

慎終如始，則無敗事。是以聖人欲不欲，不貴難得之貨，

注：好欲雖微，爭尚為之興；難得之貨雖細，貪盜為之起也。

補：「欲不欲」句式猶「爲無爲，事無事，味無味。」（六十三章）亦七十八
章「若反」「正言」，謂以「不欲」「欲」之也，即三十四章「無欲」，謂
「無妄欲」也（參見三十七章）。范應元《老子道德經古本集註》云：「欲
乎不欲，常无爲也。」。

學不學，復眾人之所過，

注：不學而能者，自然也；踰於不學者，過也。故學不學，以復眾人
之過。

校：「踰於不學者」——

「踰」本作「喻」，不可通，據陶鴻慶《讀老子札記》改。

補：「學不學」——

「學不學」，亦猶以「不學」「學」之，范應元謂之「體自然」，與弼同，並見上「補」。

「過」——

「過」，超過，即三十七章「作」，已「離」（十章）道失「母」（五十三章），故須「復」之也。（參見十六章）

以輔萬物之自然，而不敢為。

補：「輔萬物之自然」——

司馬光《道德真經論》云：「聖人但以輔之，不敢強有所為也。」蓋即「無為」而「為」之意。五十一章云：「勢成之。」聖人之輔，亦萬物所資之勢歟。

六十五章

古之善為道者，非以明民，將以愚民。

注：明謂多智巧詐，蔽其樸也；愚謂無知守真，順自然也。

校：「多智巧詐」——

「智」本作「見」，陶鴻慶《讀老子札記》云：「『多見』當為『多智』，下節注云：『多智巧詐，故難治也。』」。

補：「愚民」，乃「若反」「正言」（七十八章），謂使民不妄逐智巧耳，非以愚昧為目的也。

民之難治，以其智多，

注：多智巧詐，故難治也。

故以智治國，國之賊；

注：智猶巧也；以巧而治國，故謂之智也。所以謂之賊者，民之難治，以其智多也。當務塞兌閉門，令無知無欲，而以智術動民邪心；既動，復以巧術防民之偽，民知其術防，隨而避之；思惟密巧，奸偽益滋，故曰以智治國，國之賊也。

校：「智猶巧也；以巧治國，故謂之智也。」——

上「巧」字本作「治」，下「巧」字本作「智」，「故謂之智也」本在「所

以謂之賊者」下，乖逆不可解。

陶鴻慶《讀老子札記》云：「注文多誤，下文云：『邪心既動（案「邪心」當連上讀），復以巧術防民之偽。』又云：『思惟密巧，奸偽益滋。』疑元文本云：『智猶巧也；以智巧治國，乃所以賊之，故謂之賊也。』」以「治」字爲「巧」，是，故上注以「智巧」並言。

桃井白鹿《老子評注》云：「『所以謂之賊者』六字，當移在『也』『民』間。」精甚！

今從陶鴻慶說，改「治」爲「巧」，從桃井白鹿說，移「故謂之智也」於「所以」上，並改第二「智」字爲「巧」，則旨趣明且通矣！

不以智治國，國之福。此兩者亦稽式，能知稽式，是謂玄德。玄德深矣遠矣，

校：「能知稽式」——

「能」本作「常」，武內義雄云：「據王注，王本素必作『能知』。」（波多野太郎《老子王注校正》引）。

老子之「知」，若十六章「知常曰明」「知常容」，三十二章「知止可以不殆」，三十三章「知人者智」「知足者富」，四十四章「知足不辱」，五十五章「知和曰常」者，皆「知」而「功」已就，豈待「常知」以成之，乃得謂之「玄德」哉？

訂：「此兩者亦稽式」——

「此」上本有「知」字，元至元二十七年陝西盩屋屋縣樓觀台《道德經碑》，李道純《道德會元》（有至元二十八年序），並無。

高亨《老子正詁》甲云：「『知』涉下文而衍……衍一『知』字，則義不可通。」蓋所以爲「稽式」者，「以智治國，國之賊。」「不以智治國，國之福。」「兩者」也，非謂「知此兩者」者也；不然，「能知稽式」之「知」，乃無所據矣。今從改。

注：稽，同也。今古之所同，則不可廢，能知稽式，是謂玄德；玄德深矣遠矣。

正：「稽」——

注以爲「同」，謂「今古之所同」，恐非是。

「稽」字各本多作「楷」者，河上公注爲「法式」；馬敘倫《老子覈詁》

云：「『稽』，『楷』古音同類相通。《莊子・大宗師篇》『狐不偕』，《韓
非・說疑篇》作『狐不稽』，是其例證。」

《廣韻》：「偕」，古諧切；「稽」，古奚切，又康禮切；「楷」，古駭切，
古音並爲「牙音」，故云「同類相通」。

與物反矣，

注：反其身也。

正：「反」——

注以「反」爲「返」，河上公注爲「與萬物反異」；七十八章云：「正言
若反。」「玄德」亦「若反」也，河上公爲是。

然後乃至大順。

補：「大順」謂「無所不順」也（李約《道德眞經新註》）。

六十六章

江海所以能為百谷王者，以其善下之，故能為百谷王。是以欲上
民，必以言下之；欲先民，必以身後之。是以聖人處上而民不重，
處前而民不害，是以天下樂推而不厭。以其不爭，故天下莫能與
之爭。

補：「民不重」——

河上公云：「聖人在民上爲主，不以尊貴，虛下，故民戴而不爲重。」

「民不害」——

河上公云：「民親之若父母，無有欲害之心也。」

六十七章

天下皆謂我道大似不肖；夫唯大，故似不肖，若肖，久矣其細也
夫。

注：久矣其細也，猶曰其細久矣。肖則失其所以為大矣，故曰若肖，
久矣其細也夫。

補：「肖」——

司馬光《道德眞經論》云：「肖，似也，言異於眾人。」豈止不似乎人而已？蘇轍《老子解》云：「夫道曠然無形，頹然無名，充遍萬物，而與物無一相似，此其所以爲大也；若似於物，則亦一物矣，而何足大哉。」。

我有三寶，持而保之：一曰慈，二曰儉，三曰不敢爲天下先。慈故能勇，

注：夫慈，以戰則勝，以守則固，故能勇也。

校：「戰」本作「陳」，羅振玉《老子考異》遂據以改下經作「陳」，未必然。「戰」「守」正相對，「陳」「守」則未整，「陳」乃「戰」之誤也。

補：「慈」——

六十九章注云：「言以謙退哀慈，不敢爲物先。」以「慈」與「退」並言，猶「柔」也，「弱」也。

儉故能廣，

注：節儉愛費，天下不匱，故能廣也。

正：「儉」——

注以爲用度之節儉，非。蘇轍《老子解》云「節」爲「儉約」，與「退」同旨。

五十九章云：「治人事天莫如嗇。」「儉」即「嗇」也。

不敢爲天下先，故能成器長。

注：唯後外其身，爲物所歸，然後乃能立成器，爲天下利，爲物之長也。

今舍慈且勇，

注：且，猶取也。

補：「且」——

高亨《老子正詁》甲云：「注云：『且，猶取也。』亨按《說文》曰：『挺，挹也。歔取也。』《方言》曰：『挺，攄取也。』《廣雅·釋詁》曰：『攄，取也。』『攄』即『歔』之別字。王注訓『且』爲『取』，即讀『且』爲『挺』爲『歔』耳。『挺』『歔』皆以『且』得聲。『取』『舍』義相反。」

足補注說。

三十八章注云：「捨其母而用其子，棄其本而適其末。」「用」「適」「且」同也。

舍儉且廣，舍後且先，死矣。夫慈，以戰則勝，

　校：「戰」——

　　　見前注「戰」「校」。

　注：相慇而不避於難，故勝也。

　補：「慇」——

　　　下章注云：「哀者必相惜而不趣利避害，故必勝。」與此同，知弼以「慇」猶「慇」也。（《康熙字典》「慇」字云：「正字通溷『慇』『閔』，誤。」）

　正：注以爲相慇不避難，故勝，非；勝豈必待人之共與哉？王安石以爲「柔」而勝，是，要在己身之因任，非於人之憫憐也。

以守則固。天將救之，以慈衛之。

　補：救，助也。（河上公）唐玄宗御注云：「以慈守……天道孔明，亦將救衛。戰勝，天救也；守固，天衛也；是皆以慈故，故云天將救之，以慈衛之。」蓋因「慈」而得天助衛也。

六十八章

善為士者不武，

　注：士，卒之帥也。武，尚先陵人也。

　補：「不武」與下文「不怒」「不與」，皆七十八章「若反」「正言」，謂不「妄」（十六章）逞、不「妄」爭也。

善戰者不怒，

　注：後而不先，應而不唱，故不在怒。

善勝敵者不與，

　注：不與爭也。

　補：「與」——

　　　陶鴻慶《讀老子札記》云：「『與』即『爭』。……王引之《經義述聞》，

謂古者相當相敵，皆謂之『與』……」高亨《老子正詁》甲云：「古謂
『對敵』爲『與』……故『與』者，對鬥交爭之意。」

善用人者爲之下。是謂不爭之德，是謂用人之力，

　注：用人而不爲之下，則力不爲用也。

是謂配天，古之極。

　補：「配天」——

　　　河上公云：「德配天地。」十六章云：「知常容，容乃公，公乃王，王
　　　乃天。」二十五章云：「人法地，地法天。」此之謂「配天」也。

　　　「極」——

　　　河上公云：「古之極要道也。」

六十九章

用兵有言：吾不敢爲主而爲客，不敢進寸而退尺，是謂行無行，

　校：此下本有注，曰：「彼遂不止。」波多野太郎《老子王注校正》云：「此
　　　注與下行『行，謂行陳也。』，其誼戾矣，且分置不得其理，疑河上公
　　　注攙入。經文『無行』下，河上公注曰：『彼遂不止，爲天下賊，雖行
　　　誅之，不行執也。』」雖無確據以證河上公注所攙入，視下句有「行，
　　　謂行陳也。」之注，可知此不當有注文。

攘無臂，執無兵，扔無敵，

　校：「執無兵」——

　　　此句本在「扔無敵」下注文後，而注云：「用戰猶行無行，攘無臂，執
　　　無兵，扔無敵也。」東條弘《老子王注標識》據謂當在「扔無敵」上
　　　是；《帛書老子》、傅奕《道德經古本篇》並如此。

　注：行，謂行陳也。言以謙退哀慈，不敢爲物先，用戰猶行無行，攘
　　　無臂，執無兵，扔無敵也；言無有與之抗也。

　補：「攘無臂」——

　　　攘，奮舉也（范應元《老子道德經古本集註》）。河上公云：「若無臂可
　　　攘也。」

「執無兵」——

河上公云：「若無兵刃可持用也。」

「扔無敵」——

河上公「扔」作「仍」，古通（高亨《老子正詁》甲），注云：「雖欲仍引之，心若無敵可仍也。」

正：「行無行」——

注以「行」為「行陣」，誤。高亨《老子正詁》甲云：「《爾雅・釋宮》曰：『行，道也。』『行無行』，猶言『行無道』矣。欲行而無道，則不必行矣；欲攘而無臂，則不必攘矣；欲執而無兵，則不必執矣；欲扔而無敵，則不必扔矣；文意一律。」即「不敢進」之意。

禍莫大於無敵，無敵幾亡吾寶；

校：「無敵」——

本作「輕敵」，東條弘《老子王注標識》據注定作「無敵」；《帛書老子》、傅奕《道德經古本篇》並如此。

「亡」——

本作「喪」，帛本、傅本皆作「亡」，東條弘據注從傅本，今據改。

注：寶，三寶也。言吾哀慈謙退，非欲以取強，無敵於天下也。不得已而卒至於無敵，斯乃吾之所以為大禍也；故曰幾亡吾寶。

校：「寶，三寶也。」——

此句本在「故曰」上，斷隔上下文意，且不合注例，今移此，以同其文式，暢其文義。

正：「無敵」——

注以之為「無敵於天下」之強，故云「大禍」；老子固不避勝人，故云「天下莫能與之爭」（六十六章），唯其致之者不可以「強」也。

「無敵」猶「輕敵」，謂輕慢傲敵，不以為有敵；如此，「易動」（邵若愚《道德真經直解》）而好為「主」，不知「退」矣，故曰「禍」。

故抗兵相加，哀者勝矣。

注：抗，舉也；加，當也。哀者必相惜而不趣利避害，故必勝。

補：「加」——

注云「當」，猶敵也。（《公羊・莊公十三年傳》注）

正：「哀者勝矣」──

　　注謂哀者必相惜赴難，故勝，猶六十七章「慈以戰則勝」注，並誤。
　　「哀」與上文「無敵」相對，謂「退」不逞「進」也；無名氏《道德
　　眞經次解》云：「兩兵相加，柔者勝強。」「哀」者「柔」也。

七十章

吾言甚易知，甚易行，天下莫之能知，莫之能行；

校：兩「之」字──

　　各弼本並無「之」，東條弘《老子王注標識》云：「兩『莫』下，古本
　　俱有『之』字，據注，古本爲正。」《帛書老子》、《索統本老子》、傅
　　奕《道德經古本篇》並有「之」字。

注：可不出戶窺牖而知，故曰甚易知也。無為而成，故曰甚易行也。
　　惑於躁欲，故曰莫之能知也。迷於榮利，故曰莫之能行也。

正：注所言「知」「行」對象，皆非《老子》之「吾言」；此「吾言」指《老
　　子》之所言，自老子觀之甚易，唯天下乃莫之能，蓋《老子》之言多
　　「若反」「正言」（七十八章）故也。

言有宗，事有君，

注：宗，萬物之宗也。君，萬事之主也。

校：「萬事之主」──

　　「事」本作「物」，陶鴻慶《讀老子札記》云：「『宗』亦『主』也，注
　　釋『宗』『君』二字，義無區別，疑元文當云：『宗，萬物之主也；君，
　　萬事之主也。』」；張太守命撰集註正作「事」。四十七章注云：「事有
　　宗而物有主。」四十九章注云：「物有其宗，事有其主。」皆「事」「物」、
　　「宗」「主」互文，亦其證也。

夫唯無知，是以不我知。

注：以其言有宗，事有君之故，故有知之人，不得不知之也。

補：汪桂年《老子通詁》云：「『有知者不得不知之』，謂有知者必須知之，
　　是正反釋無知不知之義，蓋王氏以其文義而注釋，烏得據而訂正哉。」

其欲據注改經，謂「無知」作「有知」者，或據經改注，謂「有知」
作「無知」者（見波多野太郎《老子王注校正》引和田說），堪細審焉。

知我者希，則我貴矣，

校：「則我貴矣」——

「貴」上本有「者」字，奚侗《老子集解》云：「王弼、河上公本均作
『則我者貴』，誼與下句不屬，茲從范應元本。」（案范本作「則我貴
矣」。）

蔣錫昌《老子校詁》云：「《道德眞經集註》引王弼注；『故曰知我者希，
則我貴也。』是王本作『則我貴矣』，當據改正。今本經注『貴』上並
衍『者』字，誼不可說。《蜀志・秦宓傳》與《漢書・揚雄傳》顏注，
均作『知我者希，則我貴矣。』。」觀注意知其然也，《帛書老子》、傅
奕《道德經古本篇》並如此。

注：唯深，故知之者希也。知我益希，我亦無匹，故曰知我者希，則
我貴也。

校：「則我貴也」——

聚珍本「貴」上有「者」字，張太守命撰集註引弼注無，蔣錫昌從之。
（並見經「校」）

是以聖人被褐懷玉。

注：被褐者，同其塵；懷玉者，寶其真也。聖人之所以難知，以其同
而不殊，懷玉而不渝，故難知而為貴也。

七十一章

知不知，上；不知知，病。

注：不知知之不足任，則病也。

正：此二句有多種說法：

其一、就「知」之「價值」言之一

弼注可云：「知不知之足任，則上也；不知知之不足任，則病也。」意
雖可通，而增字為訓，迂且遠，恐非是。

其二、就「擁知」之「態度」言之一

《呂氏春秋・以順論別類篇》云：「知不知，上矣。過者之患，不知而自以爲知。」《淮南子・道應篇》引《老子》作「知而不知，上矣；不知而知，病矣。」河上公云：「知道言不知，是乃德之上。不知道言知，是乃德之病。」具謂「知而以爲不知，則上；不知而以爲知，則病。」說者多從之，然而，以老子意推之，以「知」爲「不知」固「上」，其以「知」爲「知」者，已「病」矣，豈待以「不知」爲「知」乃「病」哉？

其三、就「求知」之「方法」言之一

宋陳旉〈農書〉云：「能知其所不知者，上也；不能知其所不知者，病矣。」《篆本帛書老子》作「知不知，尙矣；不知不知，病矣！」豈此之謂歟？唯能知其所不知，乃諸家之所共者，不知老子何獨貴之，況老子固不以多知爲貴也。其云「知人所不知者，上；不知人所不知者，病。」者，亦不合《老子》旨意。

其四、就「求知」之「態度」言之一

范應元《老子道德經古本集註》云：「人能知乎不知之處者，庶幾於道矣；故《莊子》曰：『知止其所不知，至矣。』（案此語見《齊物論》）然則不知而妄知，爲病矣。」謂人固無得盡知，知乎己之有所不知，則上矣；苟不然，妄自求知，則病矣。

范應元之說，「不知知」可細讀爲「不知，知」，猶「不知不知，知」，意謂：不知「止其所不知」，而「妄求知」。

范氏就「求知」態處解此二句，與四十七章「不出戶」之意相符，語法亦可通；《篆本帛書老子》作「知不知，尙矣；不知不知，病矣。」與范說語法相同。

「知不知」之「不知」，與「無為」相仿，皆七十八章「若反」「正言」也。

若以「無為」易「不知」，則可云「知無為，上；不知為，病。」謂：知以「無為」爲事，上；不知以「無為」爲事，乃「有為」行之，則病也。

結論：

今依范氏句讀，就「擁知」態度言之，則「知不知，上；不知知，病。」可解爲：知以「不知」爲懷，上；不知以「不知」爲懷，乃以「知」

自許，則病。

與范說語法相同，一就「求知」態度言，一就「擁知」態度言，皆通。

聖人不病，以其病病；夫唯病病，是以不病。

訂：本作「夫唯病病，是以不病；聖人不病，以其病病，是以不病。」「夫
　　唯」一句既無所承，「是以」一句亦嫌重複。蔣錫昌《老子校詁》云：
　　「《御覽・疾病部》引作『聖人不病，以其病病；夫唯病病，是以不病。』
　　較諸本爲長，當據改正。蓋『夫唯』之句，常承上句之意而重言之，
　　此老子特有文例也；今試以全書證之。二章：『功成而弗居；夫唯弗居，
　　是以不去。』……八章：『水善利萬物而不爭。……夫唯不爭，故無
　　尤。』……十五章：『保此道者不欲盈；夫唯不盈，故能蔽不新成。』
　　（案「不」當作「而」）……七十二章：『無厭其所生；夫唯不厭，是
　　以不厭。』……此文『夫唯病病，是以不病。』二句，誤倒在『聖人
　　不病，以其病病。』二句上，又衍末句『是以不病』四字，致失古本
　　之眞。」

　　十五章云：「古之善爲道者……深不可識；夫唯不可識，故強爲之
　　容……」五十九章云：「治人事天莫如嗇；夫唯嗇，是謂早服。」六十
　　七章云：「天下皆謂我道大似不肖；夫唯大，故似不肖。」此亦承上重
　　言之例也。二十二章云：「是以聖人抱一以爲天下式。不自見故明，不
　　自是故彰……夫唯不爭，故天下莫能與之爭。」

七十二章

民不畏威，則大威至，無狎其所居，無厭其所生；

注：清靜無爲謂之居，謙後不盈謂之生。離其清靜，行其躁欲，棄其
　　謙後，任其威權，則物擾而民僻；威不能復制民，民不能堪其威，
　　上下大潰矣，天誅將至，故曰民不畏威，則大威至。無狎其所居，
　　無厭其所生，言威力不可任也。

校：兩「靜」字——
　　聚珍本作「淨」，張太守命撰集註、藏本、孫鑛本並作「靜」，雖通，
　　然弼素作「靜」也，故東條弘《老子王注標識》從「靜」。

補：「民不畏威，則大威至。」——

七十四章云：「民不畏死，奈何以死懼之。」七十五章云：「民之輕死，以其上求生之厚，是以輕死。」然則，「民不畏死」者，非民之本也，故曰「若使民常畏死。」（七十四章）。

蓋方民無生地之時，則起「不畏死」之心，抗其所以致死者，此之謂「民不畏死」也（見七十四章「補」）。民苟逆道叛德，以致「常司殺」（七十四章云：「常司殺者。」）者之「殺」，無可遁逃拒迎，豈不畏哉？

此云「民不畏威」者，蓋亦此意，故注謂民不堪，不復制。其云「大威」者，亦猶「常司」者之「威」，注言「天誅」，是也。

然「大威」非天致，己致之也。二十三章云：「從事於道者同於道，德者同於德，失者同於失。」七十三章云：「天之所惡，孰知其故。」又云：「天網恢恢，疏而不失。」六十四章云：「夫代大匠斲者，希有不傷其手矣。」皆失道速禍者也。

「狎」——

范應元《老子道德經古本集註》云：「狎，戲玩也。」與下「厭」均有「疏棄」之意。

夫唯不厭，

> 注：不自厭也。

是以不厭。

> 注：不自厭，是以天下莫之厭。

> 正：注以爲「天下莫之厭」，與上文「大威至」未一，恐非是。

> 范應元《老子道德經古本集註》云：「苟戲玩猒弁不已，至於惡積而不可揜，罪大而不可解，以至於滅亡，此天猒之，而大威至也。」以「厭」爲「天厭」，是。七十三章云：「天之所惡。」七十四章云：「代大匠斲者，希有不傷其手矣。」此之謂「天厭」，以其「厭」道也。

是以聖人自知不自見，

> 注：不自見其所知，以耀光行威也。

自愛不自貴，

> 注：自貴則將狎厭居生。

> 校：「將」本作「物」，意不合，陶鴻慶《讀老子札記》云：「『物』蓋『將』

字之誤，草書似之。」。

故去彼取此。

補：參見十二章。

七十三章

勇於敢則殺，

注：必不得其死也。

勇於不敢則活，

注：必齊命也。

補：齊，猶濟也。（波多野太郎《老子王注校正》）

此兩者或利或害；

注：俱勇而所施者異，利害不同，故曰或利或害也。

天之所惡，孰知其故？是以聖人猶難之。

注：孰，誰也。言誰能知天意之所惡下故耶？其唯聖人。夫聖人之明，猶難於勇敢，況無聖人之明，而欲行之也，故曰猶難之也。

校：「言誰能知天意之所惡下故耶？」——

「意」「下」本易位，說不可通。服部南郭以「下」爲衍（波多野太郎引），易順鼎《讀老子札記》云：「《列子》卷六張湛注引王弼注云：『言誰能知天意耶？』今注有誤，當從張引爲長。」誠然，則與原文「惡」字之意未切矣。今以「意」「下」移位，則其義既明，其旨亦不失。

正：「孰知其故」——

注謂唯聖人知之，遂曲解下句；此蓋言「天」之高遠，無可知之者也。

「聖人猶難之」——

注以「之」爲「勇敢」，高亨《老子正詁》甲謂其不可從；司馬光《道德眞經論》云：「聖人於天道，亦不敢易言之。」「之」謂「天意」也。

天之道，不爭而善勝，

注：夫唯不爭，故天下莫能與之爭。

校：「夫」聚珍本作「天」，張太守命撰集註引作「夫」，東條弘《老子王注標識》以爲作「夫」，引二十二章全文。

不言而善應，

注：順則吉，逆則凶，不言而善應也。

不召而自來，

注：處下則物自歸。

繟然而善謀；

注：垂象而見吉凶，先事而設誡，安而不忘危，未兆而謀之，故曰繟然而善謀也。

校：「設誡」──

「誡」聚珍本作「誠」，服部南郭以爲「誠」誤，張本集註引正作「誡」。

「未兆而謀之」──

「兆」聚珍本作「召」，陶鴻慶《讀老子札記》以爲「兆」誤，是，集註正作「兆」。

補：「繟」──

王安石《道德眞經論》云：「繟，緩貌。不忽遽而事，無不成。」亦「無爲」之謂耳。

天網恢恢，疏而不失。

補：河上公云：「天所網羅，恢恢甚大，雖疎遠，司察人善惡，無有所失。」

七十四章

民不畏死，奈何以死懼之；若使民常畏死，而為奇者，吾得執而殺之，孰敢？

注：詭異亂群謂之奇也。

補：「民不畏死」──

下文云：「若使民常畏死。」故知民之「畏死」，實於不得已之時也（見七十二章「民不畏威」「補」）。

《尹文子・大道下篇》云：「《老子》曰：『民不畏死，如何以死懼之？』

凡民之不畏死，由刑罰過；刑罰過，則民不賴其生；生無所賴，視君之威未如也。」蓋民之所畏，順道從天之殺耳，人君因任而已，不可妄逞也。

「若使民……孰敢？」──

奇，邪也（五十七章注）。

林希逸《老子口義》云：「用刑者，不過以死懼其民，而民何嘗畏死？使民果有畏死之心，則爲奇衺者，吾執而刑之，則自此人皆不敢爲矣。……今奇衺者未嘗不殺，而民之犯者日眾，則民何嘗畏死哉？」蓋反申民不畏死，不可以死懼之也。

常有司殺者殺，夫代司殺者殺，是謂代大匠斲；夫代大匠斲者，希有不傷其手矣。

注：為逆，順者之所惡忿也；不仁者，人之所疾也，故曰常有司殺也。

補：「常有司殺者」──

河上公云：「司殺者，天居高臨下，司察人過；天網恢恢，疎而不失也。」七十二章云「大威」，亦此之謂也。

七十五章

民之饑，以其上食稅之多，是以饑；民之難治，以其上之有為，是以難治；民之輕死，以其上求生之厚，是以輕死；夫唯無以生為者，是賢於貴生。

校：「以其上求生之厚」──

「其」下聚珍本無「上」字，波多野太郎《老子王注校正》云：「浙江本『其』下有『上』字。《浙江本校勘記》云：『原刻奪「上」字，今據畢本補。』」核之注文，知王本固有「上」字也。

注：言民之所以僻，治之所以亂，皆由上不由其下也；民從上也。

七十六章

人之生也柔弱，其死也堅強；萬物草木之生也柔脆，其死也枯槁。故堅強者，死之徒；柔弱者，生之徒。是以兵強則不勝，

注：強兵以暴於天下者，物之所惡也，故必不得勝。

補：「脆」猶「嫩」也。

木強則折，

校：「折」聚珍本作「兵」，道藏本作「共」。波多野太郎《老子王注校正》
云：「據注『物所加也』，『共』當作『折』。」蔣錫昌《老子校詁》云：
「四十二（案當爲『四十三』）章王注：『至柔不可折。』即據此文而言，
亦王本作『折』之證。」
　《淮南子‧原道篇》、《列子‧黃帝篇》引並作「折」。

注：物所加也。

強大處下，

注：木之本也。

正：注云「木之本」，下句「柔弱處上」，注云：「枝條是也。」依前文「堅
強者，死之待之柔弱者，生之徒。」之旨，豈有「木之本」死，「枝條」
生者乎？「堅強」「柔弱」謂其「質」與「部位」無關；「強大處下」，
承前文，謂逞強自大者反居低下，無以致勝也。

柔弱處上。

注：枝條是也。

正：注云「枝條」，與文旨不合，此亦承上文謂柔弱乃能得勝得生也。

七十七章

天之道，甚猶張弓與；高者抑之，下者舉之；有餘者損之，不足
者補之。天之道，損有餘而補不足；人之道則不然，

注：與天地合德，乃能包之，如天之道；如人之量，則各有其身，不
得相均。惟無身無私，如乎自然，然後乃能與天地合德。

校：「如乎自然」——
「如」本在「惟」上，不可解，今移此，則文暢意明矣。

補：此言道之普施不偏，無我不私也，范應元《老子道德經古本集註》謂
之「天道公平」，即注云「均」也。

損不足以奉有餘。孰能有餘以奉天下？唯有道者；是以聖人為而不恃，功成而不處，其不欲見賢。

注：言誰能處盈而全虛，損有以補無，和光同塵，蕩而均？其唯有道者也。是以聖人不欲示其賢，以均天下。

校：「誰能」──

「誰」本作「唯」，桃井白鹿評注王注以爲作「誰」，是；七十三章「孰知其故」，注云：「言誰能知……」與此同例。

「其唯有道者也」──

本作「者唯其道也」，東條弘《老子王注標識》以爲當作「者唯其有道者也」，陶鴻慶《讀老子札記》以爲當作「者唯有道也」，皆近而未切。七十三章注云：「言誰能知……所惡故耶？其唯聖人。」則此「唯其」亦作「其唯」可知。又此注乃順經而解，則「其唯」下固宜云「有道者」，作「其唯有道者」也。蓋「有」字涉「其」而奪，字序復亂，遂誤作「者唯其道」也。

補：「有餘以奉天下」──

「以」猶「大國以下小國」（六十一章）之「以」，連詞也。

此章前半言使天下均衡，後半段言有道者「有餘以奉天下」，混同於萬物，即求其均衡也。

七十八章

天下莫柔弱於水，而攻堅者，莫之能勝，其無以易之。

校：「其無以易之」──

聚珍本如此，孫鑛評本、宇惠考訂本並作「以其無以易之。」陶鴻慶《讀老子札記》云：「據注云：『以，用也；其，謂水也。言用水之柔弱，無物可以易之。』是其所見本，亦有『以』字，故順文解之。」蓋王本作「以其無以易之」也，然恐非《老子》之舊。

訂：「其無以易之」──

王本有「以」字，不可解（詳下「正」）；唐景龍二年河北易縣龍興觀《道德經碑》、范應元《老子道德經古本集註》等，具無「以」字，陳

象古《道德眞經解》云：「其理自然，不可改易。」旨，今從之。

注：以，用也；其，謂水也。言用水之柔弱，無物可以易之。

正：「其無以易之」——

注與前三句同，乃複述而已，不合《老子》文例。

「其」謂此情勢，此句謂此勢不可改也（見上「訂」陳象古説），故下云「天下莫不知」。

弱之勝強，柔之勝剛，天下莫不知，莫能行，是以聖人云：受國之垢，是謂社稷主，受國不祥，是為天下王。正言若反。

正：「正言若反」——

七十章云：「吾言甚易知、甚易行，天下莫之能知、莫之能行。」「易行」而「莫之能行」，猶上文云「天下莫不知，莫能行。」此涉及行事者之態度，容易了解；至「甚易知」而「天下莫之能知」，則可由「正言若反」得之。

《老子》「若反」「正言」之語法類型凡四大類十一小類，或表屬性，或表境界，或表原則，茲將其詮釋通則、語法類型等簡述如下，至乎其詳，余將專書析論之。

【「正言若反」之提示】

老子既云「吾言甚易知」，復云「天下莫之能知」，則老子必知其所以致之者也；要之，「正言若反」而已。

「若反」者「聖」「俗」立場之異——

老子所謂「甚易知」者，天下乃「莫之能知」，推其終極，要在「聖」「俗」立場之異耳。

聖者以「道」爲宗，萬物乃「道」「德」「物」「勢」所生成者（五十一章），「人」乃萬物之一耳，與萬物皆須「尊道」「貴德」（五十一章）。惟「言」亦然，老子居「道」申論，若讀者亦遵「道」理解，則老子之言「甚易知」矣。

惟俗眾以「人」爲「本」，於老子之言，非遵「道」理解，乃白「人」之立場視之，遂以老子之「言」與「俗」相反，疑其言爲「不可理解」，拒之斥之，此老子所謂「天下莫之能知」者也。

此「俗」「聖」之異，猶今人文主義、自然主義之異，一謂「人」乃萬

物之靈，能善用大自然以利民，一謂「人」乃萬物之一而已，宜遵循大自然之理則。

「正言」蘊含「常理」——

雖俗眾以爲「不可理解」，然老子仍謂之「正言」者，以其自「道」觀之，乃蘊含「常理」也，六十五章云：「玄德深矣遠矣，與物反矣。」老子蓋具「玄德」矣，故其「正言」亦「若反」也。

五十七章云：「禍兮福之所倚，福兮禍之所伏，孰知其極？其無正。」「正言若反」之「正」，猶「其無正」之「正」，「常」也，「正言」謂「蘊合常理之言」，乃所以明常「道」之言也。

【「若反」「正言」之詮釋通則】

（參見下【「若反」「正言」之語法類型與詮釋舉例】）

以「無爲」態度解讀「若反」「正言」——以道觀道、以大自然爲本

五十四章云：「以身觀身，以家觀家，以鄉觀鄉，以國觀國，以天下觀天下。吾何以知天下之然？以此。」惟「道」亦然，無立言以明「道」者，抑觀言以明「道」者，皆應「以道觀道」，篤守「人」於大自然之角色，以大自然爲本，執「道」以觀《老子》之言也；老子於七十章以「言有宗」說明何以「甚易知」，即此之謂也。

掌握「若反」「正言」之語用方向——非結果、非目的

《老子》之「若反」「正言」，或表屬性，或表境界，或表原則；表境界，原則者，皆就過程而言，若視之爲結果、目的，非惟「不可理解」，亦將「多所曲解」。（表屬性者見下文〈「若反」「正言」之語意基點〉）

三十七章云：「道常無爲而無不爲。」「無爲」言其原則，「無不爲」言其結果，此最足以代表《老子》「若反」「正言」之語用方向。

掌握「若反」「正言」之語法邏輯——以反見正、歸統於「無爲」

「若反」「正言」所以致「不可理解」之疑，關鍵在其語言之強烈「否定性」；掌握其「以反見正」之語法邏輯，將之歸統於「無爲」，則「常理」可尋矣。（表屬性者見下文「若反」「正言」之語意基點）

八十章云：「小國寡民。」「小」者「不大」也，「寡」者「不多」也，意即「不妄大」、「不妄多」，謂「不妄求」國之大、民之多也，皆「無

為」自然而已，即六十一章「大國以下小國」「小國以下大國」之旨。三十六章云：「將欲弱之，必固強之。」「強之」即「弱己」，意即「不妄強己」，謂「不妄爭強」，亦因任順勢而已，此二十二章「夫唯不爭，故天下莫能與之爭。」之旨也。

掌握「若反」「正言」之語意基點——不妄、無法感知

「遵道」「無為」者老子立言之宗旨也，故其表境界、原則之「若反」「正言」，皆可以十六章「守常」「不妄作」之旨貫之，謂因任「不妄為」也。三十七章云：「侯王若能守之，萬物將自化；化而欲作，吾將鎮之以無名之樸。」即不欲其「妄作」也。（參見上文〈「若反」「正言」之語法邏輯〉）

此「無為」「不妄」者，具「雙向」思維；非惟「不妄進」「不妄動」而已，亦謂「不妄退」「不妄靜」也。不宜進而進固「妄」，宜進而不進亦「妄」也；宜止乃動固「妄」，宜動而仍止亦「妄」也。要之，順「勢」（五十一章）因任而已。

至其表屬性之「若反」「正言」，則以「人所無法感知」為基點，欲使了解「人」之有所不能、大自然之無限可能，須泯除「人」之自我定位，而後可見大自然之宏闊也。其意雖微，乃甚具體，深合今日物理、生物之論也。十四章云：「視之不見名曰幾，聽之不聞名曰希，搏之不得名曰微……是謂無狀之狀，無象之象……是謂惚恍。」人雖「無法感知」，其存在乃「眞」確有「精」「信」（二十一章）也。

【「若反」「正言」之語法類型與詮釋舉例】

（參見上【「若反」「正言」之詮釋通則】與所引各章「補」「正」）

以前述「通則」為基礎，再依「語法」特性詮釋之，則「若反」之「正言」便「甚易知」（七十章）。

一、無不、希晚＋正面詞——

（一）無、不＋正面詞

八十章云：「使有什伯之器而不用，使人重死而不遠徙；雖有舟輿，無所乘之；雖有甲兵，無所陳之。……雞犬之聲相聞，民至老死，不相往來。」「不用」「不遠徙」「無所乘」「無所陳」「不相往來」諸語，皆謂「不妄」之原則，非謂結果或目標也。

（二）希、晚＋正面詞

　　四十一章云：「大方無隅，大器晚成，大音希聲，大象無形。」「希」「晚」猶「無」也，「無隅」「無成」「無聲」「無形」非眞「空無一物」也，謂其「隅」「器」「聲」「形」非人所能感知也。

二、似若、正面動詞＋反面詞、反面事物

（一）似若＋反面詞

　　十五章云：「大成若缺，其用不弊；大盈若沖，其用不窮；大直若屈，大巧若拙，大辯若訥。」諸「若」者，皆謂其「成」「盈」「直」「巧」「辯」之「象」非人所能感知也。

（二）若＋反面事物

　　三十九章云：「侯王自謂孤、寡、不穀，此其以賤爲本耶非？故致數譽無譽。不欲琭琭如玉，落落如石。」「如石」者，謂其「象」非人所能感知也，六十七章云：「天下皆謂我道大不肖；夫唯大，故似不肖。」其中有眞義焉。

（三）正面動詞＋反面詞

　　二十八章云：「知其雄，守其雌……復歸於嬰兒；知其白，守其辱……復歸於朴。」「守雌」「守辱」即「不妄雄」「不妄白」，皆「守母」（五十二章）之意。

（四）正面動詞＋反面事物

　　八十章云：「使民復結繩而用之。」「用結繩」者，猶「守其雌」，謂「不妄逐」文明也。

三、反面詞、反面事物

（一）反面形容詞

　　二十五章云：「強爲之名曰大，大曰逝，逝曰遠，遠曰反。」六十五章云：「玄德深矣遠矣，與物反矣。」「大」「逝」「深」「遠」「反」諸語，謂「大象無形，道隱無名。」（四十一章）非人所能感知也。

（二）反面動詞

　　改「反面動詞」爲「正面動詞」，前加「無」、「不」，則與前述「無、不＋正面詞」無異。
　　八十章云：「小國寡民」，多以「結果」視之，誤爲老子之「理想國」，

遂致多所質疑；苟以「原則」視之，並以此法詮釋，則旨意明確具體也。

「小」猶「不大」，「寡」猶「不多」，即「不妄大」「不妄多」，謂「不妄擴大其國」「不妄增多其民」也，乃「無爲」之用於外交者。

（三）反面副詞

此猶「反面動詞」，與「無、不＋正面詞」無異。

二十二章云：「曲則全，枉則直，窪則盈，敝則新，少則多。」「曲」「枉」「窪」「敝」「少」，皆指行事原則，猶「不全」「不直」「不盈」「不新」「不多」，皆順應「不妄」之意。

（四）反面事物

以「反面事物」「比喻」境界或行事原則。

二十八章云：「爲天下谿，常德不離，復歸於嬰兒。」「爲谿」「嬰兒」非「無知」「低賤」，乃「聖人被褐懷玉」（七十章）「珞珞如石」（三十九章）之意。

四、正面動詞＋外物、別人

此以「主體」於「外物」「外人」之態度，「反向」呈現「自處」之道。

（一）正面動詞＋外物

此猶「反面動詞＋心志」也。

三章云：「聖人之治也，虛其心，實其腹，弱其志，強其骨。」「實其腹」「強其骨」猶「虛其心」「弱其志」，即前述「反面動詞」，與「無、不＋正面詞」同，謂「不妄逞」心志也。八十章云：「甘其食，美其服，安其居，樂其俗。」亦猶「實腹」「強骨」，即「小國寡民」之「外交」原則。

（二）正面動詞＋別人

此此猶「反面動詞＋自己」也。

三十六章云：「將欲歙之，必固張之；將欲弱之，必固強之；將欲廢之，必固興之；將欲奪之，必固與之。是謂微明，柔弱勝剛強。」「張之」「強之」「興之」「與之」猶「歙己」「弱己」「廢己」「奪己」，亦前述「反面動詞」，與「無、不＋正面詞」同，即「不爭」（二十二章）也。

【何以使用「若反」「正言」】

老子既知「天下莫之能知」，何乃不以「正面」立言，仍以「若反」「正言」立言哉？

一言以蔽之，老子不欲失其「常」而已，故全書開宗明義即云：「道可道，非常道。」（一章）蓋本不可道，欲要人知復不能不道，故以「若反」之言明之，此亦「守母」（五十二章）「無為」（三十七章）也。

王弼注二十五章「不知其名」云：「混成無形，不可得而定。」注一章「玄之又玄」云：「若定乎一玄而已，則失之遠矣。」其注雖未符章旨，「定」字乃深得《老子》「道可道，非常道。」之旨。蓋「正面」立言必有所「定」，有所「定」則失「常」（十六章）「離」（十章）本矣。

抑有進者，老子於四十八章云：「為道日損，損之又損，以至於無為。」以「若反」「正言」立言殆亦可讓讀者「損之又損」也。

七十九章

和大怨，必有餘怨，

　　注：不明理其契，以致大怨；已至而德以和之，其傷不復，故必有餘
　　　　怨也。

　　校：「德以和之」——

　　　　「以」字聚珍本無，張太守命撰集註、道藏本、孫鑛評本、宇惠考訂
　　　　本並有，波多野太郎《老子王注校正》云：「按文理，『以』字不可無。」
　　　　今據增。

　　　　「必有餘怨」——

　　　　「必」字聚珍本無，集註、道藏、孫鑛本、宇惠本具有，波多野太郎
　　　　謂此乃順經文為釋，不當無「必」。

　　補：六十三章云：「報怨以德。」謂聖人依「德」任「道」以行，不繫執乎
　　　　怨，內守無馳，雖有怨，亦將無形以泯也。苟意意於怨，必欲和之，致
　　　　其德惠，則不足盈而有餘怨矣？故下云「有德司契」，謂宜遵「德」化
　　　　之也。

安可以為善。是以聖人執左契，

　　注：左契，防怨之所由生也。

正：「執左契」——

注以「左契」爲防怨之具，落老子於止怨之淵，與上文不合；「執左契」蓋喻自涵其「德」，無爲於事，故下文以「司徹」相對。

河上公云：「古者聖人執左契，合符信也。」又云：「但契刻之信，不責以他事。」

李約《道德眞經新註》云：「凡左，非用事之所也；契者，符會之目也。聖人執心無事，但思與萬民心氣符同，適自無怨，何必責於人也。」

蘇轍《老子解》云：「聖人以其性示人，使除妄以復性；待其妄盡而性復，未有不廓然自得，如方契之合左，不待其之而自服也。」

董思靖《太上老子道德經集解》引清源子云：「君執其左，臣執其右，契來則合，所以取信。」並謂「左契」爲待合不責，以喻無爲自然，是。《國策‧韓策》「操右契而爲，以責德於秦魏之王。注云：「左契待合而已，右契可以責取。」此「左契」無事之謂也。

而不責於人。有德司契，

注：有德之人，念思其契，不令怨生而後責於人也。

校：「不令怨生……」——

「令」聚珍本作「念」，集註、道藏本、孫鑛評本、宇惠考訂本並作「令」，東條弘《老子王注標識》以爲誤，是，今改。

正：「司契」——

注謂不令怨生而責於人，誤，聖人固「不責於人」，苟有怨生，亦無事不責也。

無德司徹。

注：徹，司人之過也。

補：「徹」——

無名氏《道德眞經次解》作「轍」，云：「無德者常欲使人合轍，故有怨讎。轍，猶跡也。」

俞樾《老子平議》云：「古字『徹』與『轍』通。二十七章『善行無轍迹』，《釋文》作『徹』，引梁注曰：『「徹」應「車」邊，今作「彳」者，古字少也。』然則此文『徹』字，亦與彼同矣。『有德司契，無德司轍。』

言有德之君，但執在契，合符信而已；無德之君，則皇皇然司察其轍
迹也。河上公解『善行無轍迹』曰：『善行道者，求之於身，不下堂，
不出門，故無轍迹。』此即可說『無德司契』之義。」

「司契」「司轍」正有守、馳之分也。

天道無親，常與善人。

補：與，助也（吳澄《道德眞經註》）；善人，此謂司契之德者也（河上公）。
　　蘇轍《老子解》云：「天道無私，惟善人與之。」高淮《老子探義》云：
　　「言天道本無所偏私，得道者多助，失道者寡助。」然助非天助、自
　　助者也。二十三章云：「從事於道者同於道，德者同於德。」此之謂歟。

八十章

小國寡民，

注：國既小，民又寡，尚可使反古，況國大民眾乎，故舉小國而言也。

正：戶崎淡園云：「王弼云：『國既小，民又寡，尚可使反古，況國大民眾乎？』
　　此解必有誤謬，舉大國及小國，順也，王意可據也；今以小國而及大國，
　　『反古』其易哉？何用『況乎』二字？必有誤謬。」（波多野太郎《老
　　子王注校正》引）

　　蓋弼意以爲，此章旨在使「反古」（反者「返」也），遂強爲之說；使
　　「民」「返古」，質樸無華，尚可理解，使「國」「返古」，則不知「國」
　　何以存耶？

　　「反古」也者，非老子之旨也。

　　此章蓋言老子之「外交」原則。「小國寡民」之於國，猶「少私寡欲」
　　（十九章）之於「人」，皆七十八章「若反」「正言」，謂不「妄」求國
　　大民多也；「小」猶「不大」，「寡」猶「不多」，意即「不妄大」「不妄
　　多」，乃守「本」（三十九章）不逐之謂也。「小國寡民」者，蓋「外交」
　　之遵「道」「無爲」（三十七章）也。

　　《文子・符言篇》（見下句「正」）以「小國寡民」爲不戰，得其一端
　　耳，尚有「交往」之端也，故云：「民至老死，不相往來。」

使有什伯之器而不用，

注：言使民雖有什伯之器，而無所用，何患不足也。

正：「什伯之器」——

　　《文子・符言篇》云：「天下雖大，好用兵者亡；國家雖安，好戰者危。故小國寡民，雖有什伯之器而勿用。」以「什伯之器」爲兵器，以此章謂「國」不好戰務爭，是。下文云：「雖有舟輿，無所乘之；雖有甲兵，無所陳之。」「舟輿」謂「民重死而不遠徙」，「甲兵」則謂此也。

「不用」——

　　亦「若反」「正言」，謂「不妄用」也。

使民重死而不遠徙；

注：使民惟身是寶，不貪貨賂，故各安其居，重死而不遠徙。

校：「使民」下本有「不用」二字，不可解，蓋涉上文而衍。

正：「不遠徙」——

　　「不遠徙」亦「若反」「正言」，謂「不妄遠徙」也。

　　不「離」（十章）其國，慕嚮他域也，即下文「民至老死，不相往來。」之謂。

　　上句云國不妄戰，此句云國不妄交，各足其邦，「外交」之事不外此二者矣。

雖有舟輿，無所乘之，雖有甲兵，無所陳之。使人復結繩而用之，甘其食，美其服，安其居，樂其俗；鄰國相望，雞犬之聲相聞，民至老死，不相往來。

注：無所欲求。

正：弼云「無所欲求」，蓋謂民之返古質樸，非；結繩而用，非《老子》之的也，

　　諸語皆「若反」「正言」，皆「外交」之「原則」，與「小國寡民」同，非謂「結果」也。（詳見七十八章「正言若反」「正」。）

　　「無所乘」「無所陳」者，「不妄乘」「不妄陳」也。

　　「復結繩而用之」者，「不妄逐文明也」。

　　「甘其食，美其服，安其居，樂其俗。」者，與三章「實其腹」「強其骨」同，皆猶「虛其心」「弱其志」，謂「不妄逞心志」也。

「不相往來」者，「不妄相往來」，「守母」「知子」(五十二章)「不妄逐」也。

要之，此章不外謂「國」之「不交」「不爭」耳；老死不相往來，「不交」也，甲兵無所陳，「不爭」也。唯此「不交」「不爭」，皆「無爲」之原則，非極至也，不然，何云「大國不過欲兼畜人，小國不過欲入事人。」（六十一章）「莫能與之爭。」（二十二章）哉？

讀老子者多謂「小國寡民」爲老子理想國，乃不見六十一章「大國」「小國」之分司，「治大國若烹小鮮」（六十章）之「大國之治」。況如所言，「小國」「寡民」亦不知以何爲量也。

至其以「結繩而用」爲摒斥文明者，亦誤「法」爲「的」矣。《老子》云：「知不知，上。」（七十一章）「不出戶，知天下。」（四十七章）「知者不言。」（五十六章）「知者不博。」（八十一章）所云「知」者，寧「結繩」之徒而已？

國「大」民「多」，固不可以強致，唯順其自然而已；果眞致「大」獲「多」，亦何棄之有？不然，則「什伯不器」「舟輿」者，亦棄之可也，焉不用而「有」之？何怪也哉！

《老子》云：「以其終不自爲大，故能成其大。」（三十四章）唯「國」亦然。眞「無爲」「不爭」，則致「大」獲「多」亦可能也，唯善治者「不妄大之」，「不妄多之」而已。

八十一章

信言不美，

　注：實在質也。

美言不信；

　注：本在樸也。

善者不辯，辯者不善；知者不博，

　注：極在一也。

　補：「善者不辯，辯者不善。」——

　　司馬光《道德眞經論》云：「吉人寡辭，盜言孔甘。」以善者之修身以

道，不飾文言也。

博者不知。聖人不積

　　注：無私不有，唯善是與，任物而已。

　　校：「不有」——

　　　　「不」本作「自」，與經「不積」乖，波多野太郎《老子王注校正》云：
　　　　「『自』字宜作『不』；二章：『生而不有。』」。

既以為人，己愈有，

　　注：物所尊也。

既以與人，己愈多。

　　注：物所歸也。

天之道，利而不害，

　　注：動常生成之也。

聖人之道，為而不爭。

　　注：順天之利，不相傷也。

參考書目舉要

一、王注刊刻校訂

1. 《老子音義》，陸德明，清通志堂經典釋文本。
2. 《道德眞經集註十卷》，張太守命撰，道藏本。
3. 《道德眞經集註十卷》，王弼，道藏本。
4. 《王弼注老子評二卷》，孫鑛，鈔本影印。
5. 《老子道德眞經奇賞二卷》，范方，明東壁齋道德玄書本。
6. 《王注老子道德經訂二卷》，岡田贇，日本須源屋茂兵衛刊本。
7. 《王注老子道德眞經考訂二卷》，宇惠，日本須源屋茂兵衛刊本。
8. 《老子道德經校訂二卷》，紀昀，乾隆四十年「武英殿聚珍版叢書」本。
9. 《老子道德經旁注二卷》，森鐵，日本安永八年鈔本影印。
10. 《老子評注二卷》，桃井白鹿，鈔本影印。
11. 《老子王注標識二卷》，東條弘，日本文化元年排印本。
12. 《老子音義考證二卷》，盧文弨，同治八年湖北崇文書局刊本。
13. 《老子道德經校訂二卷》，紀昀，光緒元年湖北崇文書局百家子書本。
14. 《讀老札記二卷》，易順鼎，光緒十年「寶瓠齋雜咀」刊本。
15. 《老子道德經評點二卷》，嚴復，光緒日本東京榎木邦信本。
16. 《老子王注標釋二卷》，近藤元粹，明治四十一年嵩山房排印本。
17. 《讀老子札記》★附老子王注勘誤☆，陶鴻慶，民國八年待曉廬排印本。
18. 《老子王弼注校記一卷》，劉國鈞，民國 58 年印本（二十二年發表）。
19. 《老子王弼注刊誤二卷》，石田羊一郎，日本昭和九年本影印。
20. 《老子王注校正》，波多野太郎，日本昭和二十七年橫濱市立大學印本。
21. 《「陶鴻慶老子王注勘誤」補正》，嚴靈峰，民國 46 年印本。

二、老子刊刻校訂

1. 《馬王堆帛書老子試探》，嚴靈峰，民國 65 年河洛圖書出版社印本。
2. 《吳建衡二年敦煌索紞寫本殘卷》，民國 64 年河洛圖書出版社印本。
3. 《唐景龍三年道德經一卷》（敦煌洪閏鄉寫本）。
4. 《索洞玄書老子道德經一卷》（伯希和 2584 號寫本）。
5. 《天寶十載道德經一卷》（伯希和 2417 號敦煌神沙鄉寫本）。
6. 《天寶十載道德經一卷》（斯坦因 6453 號敦煌玉關鄉寫本）。
7. 《景龍二年道德經碑二卷》（石刻本）。
8. 《開元二十七年道德經幢二卷》（石刻本）。
9. 《廣明元年道德經幢一卷》（石刻本）。
10. 《景福二年道德經碑二卷》（石刻本）。
11. 《宋景祐四年道德經幢二卷》（石刻本）。
12. 《元大德三年道德經幢二卷》（石刻本）。

以上寫本、石刻本具見嚴靈峰編《老子集成初編》。

13. 《道德經古本篇二卷》，傅奕，道藏本。
14. 《老子道德經校刊二卷》，許宗魯，明樊川別業刊六子書本。
15. 《道德真經校刊二卷》，施堯臣，明刊四子本。
16. 《道德經校一卷》，彭好古，明刊道言內外本。
17. 《老子校刊二卷》，閔齊汲，明烏程閔氏刊本。
18. 《老子道德經考異二卷》，畢沅，乾隆四十八年「經訓堂叢書」本。
19. 《老子志疑一卷》，梁玉繩，光緒十三年「廣雅叢書」本。
20. 《老子考異一卷》，汪中，同治八年揚州書局刊「述學」本。
21. 《校老子一卷》，王昶，嘉慶十年「金石粹編」刊本。
22. 《老子唐本考異一卷》，嚴可均，光緒十一年「鐵橋漫稿」本。
23. 《老子雜志一卷》，王念孫，道光十二年「讀書雜志餘編」本。
24. 《老子平議一卷》，俞樾，民國 11 年雙流氏刊「諸子平議」本。
25. 《老子札迻一卷》，孫詒讓，光緒二十一年「札迻」刊本。
26. 《老子斠補一卷》，劉師培，民國 25 年「劉申叔遺書」本。
27. 《老子考異一卷》，羅振玉，民國 12 年刊本。
28. 《老子覈詁四卷》，馬敍倫，民國 13 年北京景山書社排印本。
29. 《老子正詁二卷》（甲），高亨，民國 19 年排印本。
30. 《老子原始一卷》，武內義雄，民國 22 年排印本。

31. 《古本道德經校刊二卷》，何士驥，民國 25 年排印本。

32. 《老子校詁一卷》，蔣錫昌，民國 26 年排印本。

33. 《老子古本考二卷》，勞健，民國 30 年手稿景印本。

34. 《老子校釋》，朱謙之，民國 57 年世界書局印本。

35. 《老子正詁二卷》（乙），高亨，民國 62 年開明書局本。

（此本與甲本有異，且十九章嘗引蔣錫昌說）

三、老子論注

1. 《輯嚴遵老子注二卷》，嚴靈峰，寫眞活字本景印。

2. 《老子道德經注二卷》，河上公，宋建安虞氏刊本。又，明世德堂刊六子本。

3. 《老子微旨例略一卷》，王弼，道藏本。

4. 《輯李榮老子注二卷》，嚴靈峰，寫眞活字本景印。

5. 《道德眞經傳四卷》，陸希聲，清錢熙祚刊指海本。

6. 《道德眞經論四卷》，司馬光，道藏本。

7. 《輯王安石老子注一卷》，嚴靈峰，寫眞活字本景印。

8. 《老子解四卷》，蘇轍，明刊寶顏堂秘笈本。

9. 《輯葉夢得老子解二卷》，葉德輝，清長沙古書刊印社刊本。

10. 《太上老子道德經集解二卷》，董思靖，清刊十萬卷樓叢書本。

11. 《老子口義二卷》，林希逸，宋刊本。

12. 《道德眞經解二卷》，陳象古，道藏本。

13. 《道德眞經直解四卷》，邵若愚，道藏本。

14. 《老子道德經古本集註二卷》，范應元，宋刊本。

15. 《道德眞經注四卷》，吳澄，道藏本。

16. 《道德眞經次解二卷》，無名氏，道藏本。

17. 《老子道德經解二卷》，釋德清，清金陵刻經處刊本。

18. 《老子翼三卷》，焦竑，明王元貞刊本。

19. 《老子彙函一卷》，歸有光，明刊諸子彙函本。

20. 《老子衍一卷》，王夫之，同治四年金陵節署刊「船山遺書」本。

21. 《老子本義一卷》，魏源，光緒二十八年避舍蓋公堂刊本。

22. 《老子集解二卷》，奚侗，民國 14 年排印本。

23. 《老子集訓二卷》，陳柱，民國 15 年排印本。

24. 《老子選註一卷》，陳柱，民國 16 年排印本。
25. 《老子注一卷》，陳澧，民國 19 年石肇純手鈔本。
26. 《老子通詁二卷》，汪桂年，民國 24 年排印本。
27. 《老子古義二卷》，陳樹達，民國 25 年排印本。
28. 《老子探義》，王淮，民國 57 年商務印書館本。
29. 《老子今註今譯》，陳鼓應，民國 57 年商務印書館本。
30. 《新譯老子讀本》，余培林，民國 61 年三民書局本。
31. 《老子章句新釋》，張默生，民國 63 年樂天出版社本。